Ernesto el aprendiz de matemago

José Muñoz Santonja

Ilustraciones de Jesús Arilla Casado

nivola

Ilustraciones de Jesús Arilla Casado

Apartado de Correos 113. 28760 Tres Cantos
www.nivola.com
contacto@nivola.com

ISBN: 978-84-92493-70-8
Depósito legal: M-45.867-2010

Índice

Para Carmela, Marina y Ernesto, mi vida.

Las odiosas matemáticas

1

–¿Cuánto vale 5 elevado a 3?

–15 –respondió Ernesto sin pararse a pensar en lo que decía.

Ernesto se dio cuenta de que se había equivocado de nuevo, cuando una estruendosa carcajada hizo estremecerse las paredes de la clase.

–Realmente, señor Quinto, no sé qué voy a hacer con usted –le amonestó el profesor–. Si sigue sin estudiar, no va a levantar usted cabeza y no llegará a nada en esta vida.

Sus compañeros se reían de su metedura de pata. Se le encendieron los mofletes. Poco a poco fue pareciéndose a un semáforo que prohíbe el paso, y deseó que alguno de los males bíblicos le asaltara, que se lo tragara la tierra.

Ernesto pudo volver a tragar saliva con normalidad cuando el profesor continuó preguntando a otros alumnos. La verdad es que estos malos tragos no eran infrecuentes, estaba acostumbrado a pasarlo muy mal en las clases de matemáticas, que odiaba con toda su alma.

Ernesto Quinto Dragón no era mal estudiante. La mayoría de las asignaturas conseguía aprobarlas con un poco de trabajo, pero las matemáticas las tenía atravesadas desde siempre. En primaria le costó mucho trabajo aprobarlas, pero con un poco de comprensión y cariño de sus maestros fue superando los exámenes.

Las matemáticas le eran muy difíciles de entender. Además, había multitud de cosas que no sabía para qué podían servir en la vida real. Pero tenía que reconocer que algunas cosas a las que en principio no veía mucho sentido, después se le presentaron como muy útiles. Por ejemplo, siempre había protestado por tener que aprender a operar con decimales, hasta que se encontró con la llegada del euro, que le obligó a manejar décimas y centésimas a diario. Otros elementos que encontraba inútiles eran los porcentajes, hasta que decidió comprarse ese *disc-man* que le gustaba, y tuvo que andar peleando con los tantos por ciento de descuento en las rebajas, a ver si le llegaba o no el dinero que tenía.

Sin embargo, lo que para Ernesto había sido una dura batalla contra un enemigo superior, se convirtió en una pesadilla cuando llegó a la secundaria. Desde que la empezó, las matemáticas se le pusieron muy cuesta arriba. Llegó un momento en que le fue imposible entender nada de lo que le explicaban sus profesores, y por más que intentaba estudiar en casa, cuando se ponía delante de sus ejercicios sufría un bloqueo mental.

Pero hubo un rayo de luz en esa negrura total. Su profesor de matemáticas estuvo de baja por una operación y lo sustituyó una joven profesora. Ella les planteaba ejercicios que eran como juegos y pasatiempos, y realizaron muchas actividades relacionadas con las cosas cotidianas. Salieron al patio a medir alturas, construyeron figuras geométricas utilizando pajitas de refrescos, hicieron una encuesta a compañeros del instituto y aprendieron a representar lo obtenido, igual que los dibujos que aparecían en las revistas, y también vieron vídeos donde se explicaban cosas que tenían que utilizar...

Regresó, sin embargo, su profesor, y de nuevo se encontró con la pizarra llena de números, operaciones y, sobre todo, esas horribles letras que representaban incógnitas. Todo aquello era tan complicado de entender..., como si fuese chino o la escritura cuneiforme, que le habían enseñado en clase de ciencias sociales.

Ese día Ernesto volvió a su casa con un mal sabor de boca. Estaban cerca las vacaciones de Navidad, y al acabar el trimestre tendría que llevar las notas de la primera evaluación, con el consiguiente suspenso en matemáticas. Desde que comenzó la secundaria, no había vuelto a aprobarlas. Menos mal que sus padres eran comprensivos y ya se habían hecho a la idea de que su hijo no servía para las matemáticas (como les había pasado también a ellos mismos), así que no se organizaba ninguna tragedia cuando llegaba algún suspenso, lo que sí ocurría cuando alguna vez suspendía la lengua o el inglés.

Se encontraba descorazonado. Ese trimestre se había esforzado mucho y había prometido a sus padres que haría todo lo posible por aprobar. Sin embargo, ya había comprobado que no conseguía entender nada, ni siquiera con ayuda de su hermana Isabel, que había intentado explicarle las cosas fundamentales.

Al llegar a casa recogió el correo del buzón. Junto con las habituales cartas del banco, las facturas y la publicidad, había unos vales descuento para el gran circo que se había instalado en la ciudad con motivo de las próximas fiestas.

Ernesto nunca había visitado un circo, pero le gustaban mucho las actuaciones de los payasos, los trapecistas y los domadores que veía por la tele. Sus padres habían sido aficionados a un programa que echaban por televisión hacía *siglos*, cuando sólo había una o dos cadenas, y después insistieron en que Ernesto viera los espectáculos circenses que se retransmitían de vez en cuando.

El viernes a media tarde Ernesto fue al Gran Circo Mundial Hermanos Tartini. La carpa era enorme. El acomodador le indicó su plaza, una especie de palomar con unas tablas en escalera, en las que había unos duros asientos de plástico. Los soportes se movían cuando alguien pasaba, y por debajo de las tablas, por entre las que se veía el suelo, corría de vez en cuando un vientecillo helado que le hacía estremecerse.

El personal ofrecía bebidas y chucherías a precios exorbitantes y boletos para celebrar una rifa en el descanso. Al rato salió el maestro de pista vestido con el acostumbrado traje rojo con lentejuelas –tan discreto– y la alta chistera a juego y, saludando a los presentes, anunció pomposamente el comienzo del "¡maravilloso espectáculo del circo!".

Las actuaciones eran un poco pobres, pensó Ernesto. Aunque el circo tenía tres pistas, los artistas no eran como los de la televisión. Descubrió que en distintos números salían las mismas personas haciendo distintos papeles. Uno de los malabaristas también guiaba los ponis que hacían cabriolas, uno de los saltimbanquis tenía un

asombroso parecido con un payaso, y una de las amazonas ayudó en el número del domador.

Qué espectáculos tan chocantes: un malabarista estuvo en un tris de darle con un bolo a un espectador, y a otro se le escapó un plato volador, que se fue planeando por la entrada de los artistas. El trapecista era viejísimo, daba la impresión de haber dado la primera mano de pintura a las pirámides de Egipto. Ernesto casi podía oír cómo le crujían los huesos. La gente estaba más preocupada por su salud que por la dificultad de su ejercicio: parecía que de un momento a otro se iba a romper. Después salió un león que ya debía de ser viejo cuando nació el trapecista, y una serie de tigres con pinta de estar mal alimentados, porque se les notaban todos los huesos.

Después de las fieras, que estaban muy bien amaestradas y rugían ferozmente cuando el domador movía el látigo, aparecieron los payasos, que contaron unos chistes malísimos y entonaron unas canciones más viejas que el león; algunas, Ernesto se las había oído tararear a sus padres. Pensó que era una lástima que los tigres no se hubiesen comido a los payasos.

En el último número antes del descanso apareció alguien disfrazado de Pikachu, acompañado por otros espantos de la serie de Pokemon, que se dedicaron a saludar al público y a lanzarse rayos ficticios, mientras que la orquesta metía mucho ruido de truenos. Este número animó mucho al público, constituido casi en exclusiva por niños pequeños acompañados de sus padres o sus abuelos.

Ernesto estaba muy desilusionado. Todo aquello le parecía bastante cutre. Dudó si marcharse, aunque decidió dar un voto de confianza y esperar un poco más. Para entretener el descanso se compró una bolsa de palomitas, que por cierto estaban algo rancias. El descanso se alargó más de la cuenta porque se había formado una enorme fila de niños para hacerse una foto con el elefantito que habían sacado a la pista central.

Tras el intermedio aparecieron una serie de animales exóticos: cebras, llamas, jirafas, y otra serie de animales de zoo, como avestruces, que Ernesto ya conocía, pues había visitado con el instituto uno de los criaderos de avestruces de la provincia. Después salió una troupe de gimnastas: alguno parecía padecer de artrosis, como su abuela.

A estas alturas del espectáculo, Ernesto pensó en arrojar la toalla y dar la tarde por perdida, cuando se anunció la siguiente actuación.

El siguiente artista consiguió que Ernesto se quedara pegado al asiento, hipnotizado. ¡Nunca había visto nada tan maravilloso!

El Gran Mago Minler

2

De pronto se apagaron las luces. Un potente foco de luz iluminó la entrada de artistas y desde ella fue extendiéndose una niebla. La orquesta tocaba una melodía árabe y poco a poco aumentó el ritmo y el volumen. Como hechizados, los espectadores esperaban a ver quién saldría de entre las bambalinas. Cuando la música alcanzaba su apogeo, una silueta hizo su aparición entre la niebla.

Se cubría con una larga capa azul y un sombrero puntiagudo a juego con lunares plateados que reflejaban la luz y simulaban estrellas en el cielo nocturno. Delgado y alto, parecía el más viejo de todos los artistas, pues tenía una barba blanca muy larga. Ernesto se acordó del mago Gandalf, de las películas que había visto sobre *El señor de los anillos*.

La música siguió tocando y de pronto se apagó el foco de luz, pero el mago brillaba en la oscuridad gracias a su traje. Lentamente, elevó los brazos. Y de repente, justo cuando la música cesó, una gran explosión de luz surgió de sus manos. Después se encendió la luz de la pista y el público prorrumpió en un aplauso entusiasta.

Ernesto se había quedado casi sin respiración, con la barbilla descolgada y los ojos abiertos de par en par, como si hubiera visto un fantasma. Desde que un año, siendo pequeño, los Reyes Magos le trajeron una caja de Magia Borrás, se había aficionado a los juegos de magia. Durante una temporada fue el suplicio de las visitas: ¡se empeñaba en actuar ante todas!

Había aprendido muchos trucos y había leído libros de magia. Es verdad que cuando se hizo mayor fue perdiendo un poco la pasión, pero aunque hacía tiempo que no practicaba, los juegos de magia eran una de las cosas que más le gustaban.

El presentador había anunciado al artista como sabio extranjero y de varios siglos de edad. El Gran Mago Minler, dijo, tenía unos poderes mágicos únicos en la Tierra.

Tras una profunda reverencia al público, el mago explicó que venía de lejanas tierras para traer muchos misterios. Su voz era sonora, y aunque hablaba perfectamente el español, tenía un fuerte acento extranjero que Ernesto no supo ubicar.

Los primeros trucos eran algunos muy corrientes que Ernesto ya había visto en otras ocasiones, aunque no había sido capaz de reproducirlos. Hizo aparecer algunas palomas, cambió objetos de unos bolsillos a otros, sacó gran cantidad de pañuelos unidos por una punta...

Luego hizo salir a la pista a varios voluntarios. Eligió a uno de ellos y lo llevó aparte, sacó de su túnica una pequeña varita mágica que tenía en la punta una cuerda formando un lazo y la mostró al público. La cuerda era más corta que la varita, y no era elástica. Después se acercó al voluntario y, haciendo unos pases mágicos, le colgó la varita de un ojal del jersey y le pidió que se la quitase. Mientras el voluntario lo intentaba, él continuó con otros trucos.

A otro voluntario le entregó dos monedas de 5 y de 10 céntimos y le dijo que escondiera cada moneda en la palma de una mano, sin que él pudiera verlas. Entonces el muchacho realizó una sencilla operación que le propuso el mago, y al darle el resultado, éste descubrió en qué mano tenía cada moneda.

También acertó la edad y el peso de una señora del público. A Ernesto le dio la impresión de que tenía más edad y más kilos de los que había dicho el mago, pero ella aseguró que era correcto lo dicho.

Sacó tres dados de gomaespuma gigantes, y mientras él se tapaba los ojos con un pañuelo, otro voluntario debía lanzar los dados por la pista. Le hizo sumar los puntos obtenidos por los dados en las caras superiores. Le pidió que añadiera a la suma el valor de la cara que estaba contra el suelo de uno de los dados, que volviera a tirar el mismo dado y a sumar el valor de la cara superior. El mago se quitó la venda, se acercó al voluntario y lo miró fijamente. Adivinó cuánto valía la suma que había realizado.

Entregó una enorme baraja de cartas a un señor del público, y mientras le decía cosas con los ojos de nuevo tapados, consiguió encontrar la carta elegida.

Entretanto, el muchacho al que había colgado la varita seguía luchando con ella. No conseguía quitársela, aunque alguno de los otros voluntarios había intentado ayudarle. Varios espectadores pretendían darle indicaciones, asegurando que era muy fácil de hacer. Y entonces llegó el gran momento de Ernesto.

El mago Minler pidió que, por última vez, alguien del público intentara librar al pobre sufridor de la varita. Sin saber cómo ni por qué, Ernesto, que siempre fue tímido, se encontró con su mano levantada, y Minler lo eligió, precisamente a él, para bajar a la pista.

Estaba muy nervioso. Bajó junto al mago y quedó impresionado; de cerca parecía un gigante.

–¿Quieres intentar sacar la varita? –le preguntó con voz grave y potente.

–Lo intentaré –respondió Ernesto, aunque su vocecilla pareció salir de un pozo profundo.

Intentó extraer la varita, pero después de un rato tuvo que darse por vencido y le dijo al mago que aquello no se podía sacar.

El mago se acercó entonces al voluntario sufridor y realizó una serie de pases mágicos, recitando unas palabras en un idioma que Ernesto nunca había oído, y de pronto la varita apareció en las manos del mago fuera ya del ojal, donde había estado sujeta por un nudo.

El público prorrumpió en aplausos, y Ernesto, que parecía haber visto una aparición, miró a Minler sin poder explicarse el truco. Le dio la impresión de que a través de la poblada barba el mago le dirigía una sonrisa, y hasta le pareció que le guiñaba un ojo.

–Gracias, Ernesto, puedes volver a tu sitio –le despidió el mago.

Ernesto regresó a su sitio como flotando en una nube. No acababa de creerse la experiencia por la que acababa de pasar.

El mago se despidió del público. Se apagaron las luces, y cuando se encendieron de nuevo, había desaparecido.

Ernesto seguía en trance, pero de pronto reparó en algo que lo despabiló. ¡Él no le había dicho su nombre al mago en ningún momento! ¿cómo podía haberlo adivinado?

Tenía que resolver ese misterio. Tenía que contactar con el mago, hablar con él. Una idea había comenzado a bullir en su cabeza.

ERNESTO

El encuentro

3

Ernesto no quería marcharse sin haber hablado con el mago. Comenzó una cabalgata de todos los artistas en carrozas, al estilo del viejo oeste americano, pero al ver que el mago no salía entre ellos, Ernesto fue escabulléndose hacia la salida para adelantarse al resto del público y evitar las aglomeraciones.

En un despiste del forzudo que vigilaba la puerta, accedió a la parte privada del circo. En un lado del recinto había un carromato con la luz encendida. Gran Mago Minler, decía el rótulo. Ernesto se acercó y llamó tímidamente a la puerta.

–Pasa, Ernesto, la puerta está abierta –tronó una voz desde el interior.

TARTINI

Al entrar en el carromato, Ernesto quedó estupefacto. Por todos los lugares había elementos de los usados en los trucos de magia: pañuelos, velas, aros, pelotas, jaulas con palomas. En una esquina se encontraba el mago Minler sentado frente a un gran espejo, quitándose el maquillaje.

–Hola, Ernesto, siéntate un momento, que enseguida termino –le dijo.

–¿Cómo sabía que era yo quien llamaba? –balbuceó Ernesto.

–Te estaba esperando... –sonrió–. Pero no todo es magia: te he visto venir por la ventanilla.

–¿Y cómo sabe mi nombre?

–Mis poderes mágicos son más amplios de los que se supone para alguien que actúa en un sitio como éste. En otra ocasión hablaremos.
¿Por qué has venido?

–Tenía muchas ganas de conocerle y decirle que su actuación me ha parecido fabulosa –respondió Ernesto

–Muchas gracias, ya me he dado cuenta de que has

seguido con gran atención mis pobres trucos –dijo el mago con falsa modestia.

–A mí me han parecido estupendos, señor Mago. Me gustan mucho los trucos de magia, y alguno me ha dejado impresionado.

–Me alegro. Pero llámame Minler. Además, entre magos todos nos tuteamos, y tú también eres un mago...

Durante su estancia en la ciudad, el mago Minler se alojaba en un hotel. Quedaba de camino de la casa de Ernesto, así que éste lo acompañó hasta la puerta.

–¿Te gusta mucho la magia? –le preguntó Minler por el camino.

–Sí, desde pequeño –contestó Ernesto–. Me gustan mucho los trucos, pero no consigo descubrirlos por mí mismo, tengo que estudiarlos en los libros para poder hacerlos después. En tu actuación he visto algunos muy curiosos que no conocía.

–Quizás se deba a que los libros en los que aparecen algunos de mis trucos no sean precisamente de magia –le dijo el mago–. ¿Quieres que te enseñe alguno?

Ernesto no podía creer lo que acababa de oír, el mago le había ofrecido satisfacer el mayor deseo con el que podía soñar.

–Claro que me encantaría, pero debes de estar muy ocupado... –dijo Ernesto, rogando para sí que Minler no cambiase de idea.

–Al contrario –respondió–. Tengo mucho tiempo. A los compañeros del circo los conozco sólo desde que salimos de gira, pues me llamaron en el último momento para sustituir al prestidigitador de la compañía, que se había indispuesto antes de comenzar el viaje. No tengo ningún familiar cerca. Me encuentro un poco solo, dado las fechas que se avecinan, y tú pareces un muchacho muy bien educado, agradable y despierto...

–¿Vives muy lejos de aquí? –balbuceó Ernesto–. Tu país de origen, quiero decir.

–No resido mucho tiempo en ningún país. He viajado tanto y durante tanto tiempo, que me considero a gusto en cualquier lugar. ¡Mi país es toda la Tierra!

–¿Has visitado muchos países?

–Soy mayor de lo que puedas creer. He visitado casi todos los países de la Tierra y en todos he aprendido algo. Pero no quiero seguir hablando de mí, ya continuaremos en otra ocasión... Volviendo a mi propuesta: mis poderes me indican que eres alguien con mucho potencial, creo que podría enseñarte cosas interesantes. Aunque no sé si estarás ocupado.

–¡Qué va! –exclamó Ernesto– ahora se acercan las vacaciones y no tengo exámenes ni trabajos pendientes, tengo mucho tiempo libre.

–¿No tienes que trabajar en casa? –insistió el mago.

–Me han asignado algunas tareas, pero si es necesario estoy dispuesto a hacerlas por las noches –dijo Ernesto, que no estaba dispuesto a perder la ocasión que se le había presentado.

–Y en la escuela, ¿no te mandarán deberes para estas fiestas? –preguntó el mago como de pasada.

–Espero que no. Tengo todas las asignaturas aprobadas, salvo las matemáticas, claro, pero eso ya lo han aceptado mis padres y no creo que haya malas caras. En las demás asignaturas no suelen mandarme muchas cosas, y además siempre encontraré algún rato para hacerlas, sólo necesito programar bien mi tiempo.

El mago se detuvo un momento y lo miró extrañado.

–¿No te gustan las matemáticas? –preguntó.

–¡Las odio con todo mi corazón! –explotó Ernesto, como si Minler le hubiese pinchado en una herida abierta.

–Creo que podré enseñarle más de lo que pensaba... –musitó Minler de forma enigmática, hablando consigo mismo.

Se despidieron a la puerta del hotel. El día siguiente era sábado y no había clase, así que Ernesto quedó en pasarse por el circo a media mañana para que el mago le enseñara parte de sus materiales.

Voló a su casa, totalmente ilusionado con su nuevo amigo. Contó a sus padres lo que le había pasado y la propuesta del mago de enseñarle algunos trucos.

Ernesto siempre había sido un niño muy tímido y con dificultades para relacionarse con los demás, por lo que no solía tener amigos con los que salir. Sus padres lo vieron tan entusiasmado que no pusieron inconvenientes para que se acercara al circo, aunque antes debía recoger su habitación y colocar en su sitio los cacharros del lavavajillas.

Esa noche Ernesto apenas pudo dormir. ¡Al día siguiente recibiría lecciones de un gran mago!

El aprendiz de mago

4

Puntual como un reloj suizo, al mediodía del sábado entraba Ernesto en el recinto del circo.

Encontró a Minler en su carromato, ordenando su material y preparando los trucos para la función de la tarde. Minler le pidió que le ayudara a recoger los materiales, y de paso se los iba mostrando. En algunos casos, Ernesto reconocía los artilugios mágicos con los que contaba el mago.

Ernesto se encontraba muy a gusto en presencia de Minler y su habitual timidez brillaba por su ausencia. Del mago emanaba una sensación de grata hospitalidad.

El mago le ofreció un refresco y para él se preparó un café instantáneo. Después se sentaron en sendas sillas de tijera.

–Aunque te he enseñado muchos trastos –dijo Minler–, aún no he cumplido la promesa de enseñarte algún truco. Al menos, para que no pierdas la mañana sin haber aprendido algo nuevo.

–Claro que no habré perdido la mañana, la verdad es que estoy muy a gusto; aunque, desde luego, me encantaría aprender todo lo que sea posible –respondió Ernesto, mientras el nerviosismo le recorría todo el cuerpo.

–Ayer te hablé mucho de mí, pero me contaste pocas cosas de tu vida, así que voy a realizar un truco para conocer algo más sobre ti. Serás tú quien me dé la información, aunque no directamente. Para ello tendrás que hacer algunas operaciones, ¿me dijiste que las matemáticas se te daban regular?

–Se me dan muy mal, que no es lo mismo –respondió Ernesto.

–Bueno, no hay problema, sólo tendrás que hacer unas operaciones básicas. Además, te puedes ayudar con esta calculadora que me regalaron cuando la introducción del euro y que, como ves, sólo tiene las operaciones más simples. Supongo que sí sabrás manejar una calculadora...

–Solamente regular. Como nunca me dejan utilizarla en clase de matemáticas, no he aprendido a manejarla bien; pero las operaciones básicas creo que sí sabré hacerlas.

Las demás teclas, desde luego, no sé para qué servirán –respondió Ernesto desanimado.

–Sigue los pasos que te voy a indicar, y para que no tengas problemas, pulsa el *igual* después de cada operación:

1) Escribe tu edad, multiplica ese número por 2 y súmale 7.

2) El resultado de la suma multiplícalo por 5 y súmale el número de curso que haces este año en el instituto.

3) Lo que te haya dado vuelve a multiplicarlo por 5 y ahora réstale 7.

4) Debes multiplicar por 2 el valor obtenido y sumar el número de personas que viven en tu casa.

Ernesto realizó todas las operaciones que le encargó el mago y esperó nuevas instrucciones.

–Dime qué resultado obtienes –pidió el mago.

–A mí me sale 1871 –contestó Ernesto mostrándole la calculadora.

–Según eso tienes 15 años, cursas tercero de secundaria y en tu casa viven en total 5 personas.

–Pero ¿cómo ha podido saber todo eso a partir del número tan raro que me ha salido? –dijo Ernesto, sorprendido.

–Muy fácil, sólo he tenido que restarle al número que tú has obtenido la cantidad de 336. Es decir, 1871 – 336 = 1535, donde las dos primeras cifras son tu edad, la siguiente, en este caso el 3, el curso que haces en el instituto, y la última cifra, la cantidad de personas que hay en tu casa, en total 5 –razonó el mago–, que supongo que serán tus padres y hermanos.

–En realidad sólo tengo una hermana, pero mi abuela también vive con nosotros porque está ya muy chocha y no puede vivir sola –explicó Ernesto–. Pero volviendo al truco, me ha gustado mucho, aunque ¿me servirá para hacérselo a mi hermana o a mis padres?

–¡Ja, ja! No, hombre, ten en cuenta que tú conoces los datos de tus familiares y a lo mejor no quieren creerse que los has adivinado –explicó jocoso Minler–; puedes hacerlo con algún otro amigo o persona de tu barrio.

–¿Y siempre tendré que restar el número 336?

–Ese número es una especie de *velo* que enmascara el resultado, para que no se vea claro que te han dado las

$$
\begin{array}{r}
15 \times 2 \\
+\ 7 \\
\hline
37 \\
\times\ 5 \\
\hline
185 \\
+\ 3 \\
\hline
188 \\
\times\ 5 \\
\hline
940 \\
-\ 7 \\
\hline
933 \\
\times\ 2 \\
\hline
1866 \\
+\ 5 \\
\hline
1871
\end{array}
$$

soluciones en la respuesta numérica –siguió explicando el mago–. En realidad, los pasos que te he dicho pueden utilizarse para descubrir tres cantidades cualesquiera, pero con la condición de que los dos últimos números sean sólo de una cifra; si no, el resultado puede liarte.

Ernesto estaba muy interesado en el truco que acababa de enseñarle Minler, así que éste le propuso otro.

–Hay muchos trucos que consisten en adivinar números, supongo que alguna vez te habrán hecho alguno, ¿verdad?

–Alguna vez sí, pero nunca me han querido enseñar el truco –le respondió Ernesto.

–Vamos a hacer una prueba. Como todavía tienes la calculadora, realiza las operaciones que te voy a indicar:

1) Piensa un número de dos cifras y escríbelo en la calculadora.

2) Ahora le sumas el número 13 y luego multiplicas por 3 el resultado.

3) A lo obtenido le sumas otra vez 13, pero ahora le restas el número que habías pensado.

4) Lo que te da lo divides entre 2 y me dices el resultado.

–Obtengo 71.

–Entonces has pensado en el número 45 –dijo el mago sin darle a Ernesto casi tiempo ni de respirar–. En este caso, el truco consiste en restar del número que obtengas el valor 26. Piensa otro número cualquiera, realiza las operaciones que te indiqué y comprueba la solución restándole esa clave.

–¡Funciona! –exclamó Ernesto con júbilo después de probar de nuevo con otro número.

–Existen muchos trucos para adivinar números, y todos se basan en las matemáticas –comentó Minler.

–Claro, como se trabaja con números... –dijo Ernesto.

–No solamente por eso, sino porque en su propia concepción, en el desarrollo de las operaciones, y sobre todo en la preparación de la clave que hay que realizar, subyacen conceptos matemáticos –siguió explicando el mago–. Fíjate por ejemplo en el último truco. Alcánzame aquel papel y el bolígrafo, y te voy a desgranar los pasos hechos. Lo que en realidad te he pedido es que multipliques por 3 el número que has pensado y que restes del resultado ese mismo número, con lo que debía quedar el doble del número que pensaste. Luego, al dividirlo entre 2, quedaba tu número. Pon atención también a las operaciones que he hecho con los números que sumaba y multiplicaba. El 13 lo he multiplicado por 3 (13 x 3 = 39), le he vuelto a sumar 13 (39 + 13 = 52) y en el siguiente paso lo he dividido por dos (52/2 = 26), con lo que me sale la clave: el 26 que tiene de más tu número.

Ernesto estaba muy pendiente de las operaciones que hacía el mago, y le pareció muy clara y evidente la clave que había que utilizar.

–Ahora puedes cambiar los datos que utilizas e inventar tú mismo la nueva clave. Por ejemplo, si al principio sumo 11, lo multiplico por 3, después sumo 15 y el resultado lo divido entre 2, ¿cuál será en ese caso el número mágico?

Sobre el papel Ernesto hizo rápidamente las operaciones: primero 11 x 3 = 33, después 33 + 15 = 48 y por último 48/2 = 24.

–Entonces debo restar 24 al valor que me digan –respondió Ernesto con alegría.

$$\begin{array}{r} 11 \\ \times\ 3 \\ \hline 33 \\ +\ 15 \\ \hline 48 \\ /\ 2 \\ \hline 24 \end{array}$$

–Muy bien –le animó Minler–. Ya veo que no te desenvuelves con las matemáticas tan mal como me dijiste. De esta forma tan simple, puedes crear tú mismo los trucos numéricos que quieras.

–¿Y para adivinar la edad y los demás datos también hay un truco similar? –preguntó Ernesto, entusiasmado.

–La verdad es que sí, aunque es un poco más complicado y no me gustaría que el primer día salieras saturado con las explicaciones. Como veremos algún que otro truco parecido más adelante, ya volveremos para destripar bien sus secretos. Antes tenemos que ver otros trucos utilizando algún material de los usuales para magia, como dados o cartas. Además, ya va siendo hora de comer y supongo que en tu casa te estarán esperando...

Ernesto comprobó que se le había pasado el tiempo casi sin sentir, pero como estaba tan a gusto, ni se había dado cuenta.

–Mañana domingo hay sesión por la mañana y por la tarde, por lo que estaré muy ocupado; pero el lunes el circo descansa. Si te sigue apeteciendo echar un rato con este pobre viejo –propuso Minler–, podíamos vernos de nuevo aquí, sobre las seis de la tarde. Siempre que no tengas algo mejor que hacer...

–Claro que vendré –respondió Ernesto–. No creo que tengamos deberes en el instituto, pues la semana que viene habrá actividades culturales coincidiendo con las evaluaciones.

Camino de casa, Ernesto se preguntaba si podría resistir todo el fin de semana. Parecía tan lejano el lunes...

Trucos con dados

5

El tiempo es relativo, como decía el gran científico Einstein. Los dos días que tardó en volver a reunirse con Minler le parecieron a Ernesto dos años bisiestos completos.

Durante los dos días se dedicó a repetir hasta la saciedad los trucos que había aprendido, consiguiendo que su hermana dejara de hablarle y que sus padres barajasen la idea de echarlo de casa. A su abuela no consiguió hacerle ningún truco, porque además de que estaba sorda como una tapia, se negaba en redondo a realizar ninguna operación; decía que ya había tenido bastante cuando desapareció la peseta, pues pasó tres meses valiéndose de convertidores.

La mañana del lunes hizo varias veces los trucos con los compañeros del colegio, incluso modificando las reglas, con lo que dejó a todos estupefactos, ya que no fueron capaces de descubrir qué truco realizaba. En el recreo mostró los trucos a su profesora de francés, a la que le tocaba estar de guardia de recreo; aunque tuvo que repetir las órdenes, pues a pesar de la calculadora, la profesora se equivocó y hubo que volver a empezar.

Era tal la excitación que tuvo ese día que al llegar la tarde se presentó en el circo con media hora de adelanto. Minler aún no había llegado, por lo que Ernesto se dedicó a pasear nervioso por la explanada. Fue una suerte que por allí cerca no hubiese ninguna pared, porque si no, se hubiese subido por ella varias veces.

Cuando por fin apareció Minler por el horizonte, Ernesto se acercó a él a grandes saltos. Más parecía un canguro que un aprendiz de mago.

–Pareces un poco impaciente por continuar con tu aprendizaje...

–Tenía muchas ganas de estar de nuevo aquí. He estado practicando mucho y ya me salen los trucos muy bien. Incluso he cambiado las reglas, tal como me indicaste.

–¿Te resultaron difíciles los cambios?

–La primera vez que lo hice en casa tuve que repasar dos veces las operaciones para encontrar la nueva clave, pero cuando practiqué más, me salían ya casi de cabeza. Esta mañana he dejado a todos mis compañeros asombrados.

Tomaron un refresco en el carromato mientras charlaban.

–He pensado –dijo Minler– que hoy vamos a ver algunos trucos que se pueden hacer con dados. Vienen muy bien para que los hagas en casa y con los amigos, porque un juego de dados lo puedes llevar en cualquier sitio.

El primer truco que planteó Minler fue el que ya le había visto realizar en la función. El mago le entregó 3 dados (en esta ocasión de tamaño normal) y se volvió de espaldas

–Tienes que realizar los siguientes pasos –dijo–:

1) Lanza los 3 dados.

2) Suma el valor de las 3 caras superiores.

3) Toma ahora uno cualquiera de los 3 dados, y suma al resultado anterior el valor de la cara que estaba en contacto con la mesa, es decir, la opuesta a la que ves encima.

4) Lanza ahora ese mismo dado y añade a la suma anterior el valor que te salga en la cara superior.

Una vez acabados todos los pasos, Minler se volvió y rápidamente le dijo:

–17. La suma que has hecho te ha dado 17.

–¿Cómo lo has sabido? –preguntó asombrado Ernesto, que estaba seguro de que el mago no podía haber visto todo el proceso.

–Es muy fácil, fíjate en cómo han quedado los dados –explicó Minler–. En las caras superiores hay un 1, un 3 y un 6. Sólo he tenido que sumarlos y añadir 7 al resultado.

–¿Y por qué sumar 7? No has podido ver qué había salido en el dado que volví a tirar, y mucho menos ver la cara que estaba oculta sobre la mesa.

–Eso es debido a una propiedad numérica que tienen los dados, pero antes de decírtela te propongo otro truco. Mientras yo estoy de espaldas, coloca los 3 dados, en el orden que quieras, uno sobre otro formando una columna.

Una vez que Ernesto hizo lo que le indicaba el mago, éste se volvió y le dijo:

–Fíjate que hay entre los 3 dados 5 caras que no pueden verse, que son las caras por las que se apoyan unos en otros y en la mesa. La suma de esas 5 caras es 16. Compruébalo –le invitó el mago.

Ernesto sumó las caras y comprobó que era verdad lo que indicaba Minler.

–¿Cómo lo has averiguado? –preguntó asombrado.

–Es muy fácil. La cara superior del último dado era un 5, así que lo único que he tenido que hacer ha sido restarle esa cantidad a 21, y me ha dado la suma resultante.

–Pero ¿por qué restarlo de 21? –quiso saber Ernesto.

–De nuevo he aplicado la propiedad numérica que te comentaba antes. Los dados normales de 6 caras tienen la característica de que las caras opuestas siempre suman 7. Por eso, en este caso la suma de las 2 caras opuestas sobre las que se forma la columna de dados será siempre 7. Como son 3 dados, lo multiplico por 3 y me da 21. A eso hay que restar la cara superior, que también la he incluido en la misma cuenta. Por ello basta restar de 21 esa cara visible, y se obtiene la suma de las que están ocultas. Para el primer truco he utilizado lo mismo –continuó el mago–. He tenido en cuenta que a la suma de las caras que yo estaba viendo, había que añadir la cara superior del primer dado más su cara opuesta, que es sobre la que había quedado apoyado el dado. Yo no he visto qué número había salido, pero sí sé seguro que esos dos números suman 7, por lo que, sin más que echar un vistazo a las caras que en ese momento están a la vista, puedo saber la suma que habías hallado.

–¿Y todos los trucos con dados se basan en lo mismo? –se interesó Ernesto.

–No. Hay muchos trucos con dados que también pueden hacerse con otros materiales. Incluso directamente con números elegidos al azar. ¿Recuerdas lo que te enseñé el otro día para descubrir la edad y el número de habitantes de tu casa? Pues te voy a proponer otro con dados, pero basado en la misma idea. Coge los 3 dados y la calculadora y sigue los pasos que te voy a indicar, mientras yo miro para otro lado.

1) Lanza los 3 dados.

2) Escribe uno de los valores que hayas obtenido en la calculadora. Súmale 2 y multiplícalo por 10.

3) Añádele ahora otro de los números obtenidos, suma también 3.

4) Multiplica por 5 el valor de la suma obtenida.

5) Añádele 4 a la suma y multiplica por 2 lo obtenido.

6) Por último, al valor que has obtenido en la calculadora le añades el valor que has obtenido en el último dado. Y dime qué resultado te da en la calculadora.

–Me ha quedado 492 –dijo Ernesto.

–Eso quiere decir que en el primer dado había salido un 2, el segundo que elegiste tenía un 5 y en el último había un 4.

–Exacto –dijo Ernesto, e intentando descubrir qué clave podía haber usado el mago, razonó–: pero aquí también debe haber una clave secreta como vimos el otro día...

–Efectivamente. Sólo he tenido que restar al número que tú me has dicho el valor 238 –explicó Minler–; de esa forma obtengo 492 – 238 = 254, y ves cómo sus cifras indican los valores que han salido en los dados.

–Pero ¿cómo se puede saber que ese número, el 238, funciona siempre como clave? –insistió Ernesto.

–Ya te comenté que ese número es un disfraz, para que cuando me digas el resultado no sea simplemente el número 254 con las cifras exactas. Pero como en el truco que te expliqué el otro día, es posible modificar las condiciones y encontrar una nueva clave. Para ello, hay que utilizar una de las herramientas más poderosas que tiene la matemática, el álgebra.

–¡Cómo! –exclamó Ernesto mientras casi se le salían los ojos de las órbitas–. ¡Si el álgebra es la cosa más apestosa que ha inventado la humanidad!

–Parece que no te gusta mucho el álgebra... –insinuó Minler.

–Es lo que más aborrezco de las matemáticas –siguió Ernesto–. Son un verdadero suplicio.

–Me recuerdas a un conocido personaje. ¿Has oído hablar de Victor Hugo?

–No, no suelo ver los culebrones que echan en la tele...

–¡No, hombre! ¡Ja, ja, ja!

Minler rió a grandes carcajadas, mientras Ernesto lo observaba asombrado y empezaba a temer que había metido la pata.

–Me refiero al escritor francés Victor Hugo –aclaró Minler–. Vivió durante el siglo XIX y, aunque padeció muchos problemas, también tuvo mucho éxito. Está considerado como uno de los mejores escritores de ese siglo. En una ocasión, recordando los estudios de su infancia, escribió:

Vivía sacrificado a los números, negros ejecutores;
Era alimentado a la fuerza con álgebra,
Me ataron a un potro de tortura
Me torturaron desde las alas al pico
Con el terrible tormento de X *e* Y*...*

–Comprendo lo del tormento –insistió Ernesto, nervioso–. El álgebra es algo que no hay quien entienda, y además no sirve para nada. ¿Cuándo se resuelve una ecuación o se utiliza un polinomio en la vida normal?

–Deja que te lo explique –le dijo Minler tratando de serenarlo.

El álgebra ayuda a la magia

6

El mago se acomodó en el asiento y, pacientemente, explicó a Ernesto lo siguiente:

–Aunque tú creas que los polinomios, las expresiones algebraicas y las ecuaciones no sirven para nada, suelen tener muchas aplicaciones, a veces sin que nos demos cuenta. Esto pasa por ejemplo en algunos trucos de magia como los que vimos el otro día, y también en el que te acabo de explicar. Vamos a coger lápiz y papel y a realizar unas operaciones.

Ernesto se rascó la cabeza. Álgebra y magia... Esto empezaba a interesarle.

–Ya sabes que el lenguaje algebraico consiste en escribir relaciones entre las cosas mediante símbolos más cortos que las palabras normales. Así que vamos a escribir mediante símbolos matemáticos las operaciones que te encargué que realizaras. Para no escribir *primer dado*, *segundo*y *tercero*, voy a representar sus valores por letras. Así, voy a llamar *a* al valor que sale en el primer dado, al del segundo dado lo represento por *b* y al del último por *c*. También voy a escribir un cuadro comparativo de las órdenes que yo te iba dando, y de las operaciones que hay que realizar.

Lenguaje normal	Lenguaje algebraico
Escribe un valor de los dados, súmale 2 y multiplícalo por 10	$(a + 2) \times 10 = 10 \times a + 20$
Añade otro número y suma 3	$10 \times a + 20 + b + 3 =$ $= 10 \times a + b + 23$
Multiplica la suma por 5	$(10 \times a + b + 23) \times 5 =$ $= 50 \times a + 5 \times b + 115$
Añade 4 y multiplica por 2	$(50 \times a + 5 \times b + 115 + 4) \times 2=$ $=100 \times a + 10 \times b + 238$
Añade el último número	$100 \times a + 10 \times b + c + 238$

–Como ves –explicó Minler–, en el resultado final aparece el número 238, que es el que debo restarle al número que tú has dicho. Lo que queda de esa resta es el valor de los dados multiplicados por las constantes correspondientes, y eso es igual al valor 100 x a + 10 x b + c, lo que equivale a un número de tres cifras abc (donde a son las centenas, b las decenas y c las unidades), que es el resultado de donde se saca la solución.

$$100a + 10b + c = n^{\circ} - 238$$

–Visto así no parece muy complicado... –dijo Ernesto.

–Y con el truco que te enseñé el otro día para adivinar la edad y otros datos, se puede hacer algo parecido –apuntó Minler–. Si allí escribes un cuadro parecido, verás que aparece el número 336, que utilicé para descubrir tus datos personales. Y tal como te dije el otro día, si cambias los valores que sumas o restas y los que multiplicas en los distintos pasos, obtendrás una nueva clave distinta de la anterior. Sólo tienes que tener cuidado para que el primer número resulte multiplicado por 100 en todo el proceso, el segundo por 10 y el tercero no se multiplique por nada, para que al restar la clave te quede el número de tres cifras con la solución.

–Intentaré practicarlo en casa para ver si me sale –prometió Ernesto, aunque no muy convencido.

–Vamos a hacer una cosa. Voy a proponerte otro juego de adivinar números y vas a ser tú el que descubras la clave para adivinarlos –sugirió Minler–. Yo voy a pensar un número, después te diré las operaciones que voy a realizar con él y te daré el resultado. Tú tendrás que descubrir el número que había pensado y, sobre todo, me tendrás que decir el truco, para que al realizar esas operaciones, sea cual sea el número que piense, puedas saberlo enseguida.

–Copiaré en este papel las operaciones –dijo Ernesto, preparándose para el truco–, y como no sé cuál será el número que quiero encontrar voy a representarlo por *X*, como hacemos en clase con la incógnita. ¿Es así?

–Perfecto. Vamos allá –dijo el mago–. He pensado un número menor que 20, para que no salgan valores muy grandes al operar. Ahora realizo las siguientes operaciones:

1) Le resto 2 y multiplico el resultado por 2.

2) Ahora le sumo 5 y el nuevo valor lo multiplico de nuevo por 2.

3) Al valor resultante, ahora le sumo 1, y le sumo también el número que había pensado.

Ya sólo me queda decirte que he obtenido el valor 48 –terminó el mago–; espero que puedas decirme qué número he pensado.

Mientras Minler hablaba, Ernesto escribía las órdenes en una tabla parecida a la que había hecho anteriormente el mago, y enseguida pasó las órdenes a operaciones. De ese modo obtuvo la tabla siguiente:

Lenguaje normal	Lenguaje algebraico
Pienso un número	X
Resto 2 y multiplico por 2	$(X - 2) \times 2 = 2 \times X - 4$
Sumo 5 y multiplico por 2	$(2 \times X - 4 + 5) \times 2 =$ $= (2 \times X + 1) \times 2 = 4 \times X + 2$
Sumo 1 y también el número pensado	$4 \times X + 2 + 1 + X = 5 \times X + 3$
Obtengo al final 48	$5 \times X + 3 = 48$

–Vaya, ya apareció la dichosa ecuación –saltó Ernesto.

–Pero ten en cuenta que puedes hallar el número de una forma directa, mediante una regla, sin necesidad de ponerte a resolver la ecuación en un papel. Vamos a ver: si no supieras qué número he pensado, ¿qué valor hubieses obtenido? –preguntó Minler.

–Al final me sale, después de las operaciones, 5 veces el número que se había pensado, más 3.

–¿Y si realizas esas operaciones al revés partiendo del número 48 que ha salido al final?

Tras la última indicación del mago, Ernesto comenzó a pensar. De pronto dio un grito de alegría y explicó la siguiente regla:

–Claro, lo único que tengo que hacer es restarle al valor final 3, y entonces me queda 5 veces el valor que se había pensado, por lo que debo dividir el valor entre 5, y ya lo tengo.

–Entonces, ¿qué número había pensado? –preguntó Minler.

–Pues a 48 le resto 3 (48 – 3 = 45) y lo que me dé lo divido entre 5 (45/5 = 9). Por lo tanto, habías pensado en el número 9 –dijo por fin Ernesto con gran orgullo.

–¡Muy bien! –aplaudió Minler, satisfecho de ver cómo Ernesto iba progresando–. ¡Has conseguido encontrar la regla! Ahora puedes inventarte sin dificultad el truco que tú quieras.

–Menos mal que he podido hacer la regla por la cuenta de la vieja, y no he tenido que resolver la ecuación, porque eso es algo que se me da fatal –añadió Ernesto.

El mago clavó sus ojos en Ernesto con gravedad. Luego estalló en una sonora carcajada.

–¡Ja, ja, ja! Pero hombre, si has resuelto la ecuación perfectamente. Y no solamente eso, sino que lo has hecho de cabeza sin necesidad siquiera de papel –dijo, mientras Ernesto lo miraba asombrado–. Fíjate en los pasos que tendrías que realizar para resolver la ecuación que te salió al final:

1) Partes de la ecuación que te salió	$5 \times X + 3 = 48$
2) Ahora le restabas 3 al número 48, es decir, si restas 3 en ambos miembros o pasas el 3 del primer miembro al segundo, que es lo mismo.	$5 \times X + 3 - 3 = 48 - 3$ o $5 \times X = 48 - 3$
3) Ahora lo que te queda es 5 veces el número buscado	$5 \times X = 45$
4) Luego al final queda por dividir por 5 en los 2 miembros o su equivalente, que es pasar el 5 que multiplica en el primer miembro, al segundo dividiendo	$5 \times X / 5 = 45 / 5$ o $X = 45 / 5$
5) Y al final tienes el resultado	$X = 9$

–¡Caramba! –exclamó Ernesto–. ¡He sabido resolver una ecuación!

–¿Ves como no se te dan tan mal las matemáticas como tú decías? Más bien creo que no te fijabas mucho en lo que hacías y por eso fallabas tanto.

–Pero ¿qué hubiera ocurrido si elijo como número primero el uno o el dos? –preguntó de pronto Ernesto, pues se dio cuenta de que en esos casos podría suceder algo raro.

–La comprobación que has hecho te permite asegurar que es válida, sea cual sea el número con el que empieces, incluso si es negativo o mayor que 20. Lo único que puede ocurrir es que en algún momento del proceso te salga algo negativo (como en el primer paso si eliges el 1, que al restarle 2 te da –1), pero la clave final vale, sea cual sea el número que te salga. Comprueba, si quieres, que te vale para el número –3.

Ernesto hizo las operaciones y comprobó que era cierto. Avanzaba tanto en sus conocimientos de mago, que estaba muy ilusionado.

Minler pensó que era el momento de hacer una parada para que su alumno asimilara todo lo que había visto. Descansarían un rato y él se prepararía una infusión con unas hierbas especiales que había recogido en sus múltiples viajes por el mundo.

A Ernesto no le gustaban mucho las infusiones; él solía tomar leche con cacao, pero no se atrevía a decirle que no al mago; además, ahora sólo le interesaban los trucos que estaba aprendiendo. Por eso, mientras el mago preparaba el agua y las hierbas aromáticas, él siguió probando lo que había aprendido. Ni él mismo se hubiese reconocido volcado sobre los papeles realizando operaciones y escribiendo expresiones sin descanso. Cada vez le salían mejor las demostraciones.

Mientras tomaban la infusión, charlaron de muchas cosas. Ernesto se fue relajando y contó cosas de su vida. Habló de sus padres, de cómo su madre estaba todo el día trabajando en la casa y cuidando de la abuela. Su padre trabajaba en un comercio textil y llegaba tarde a casa todos los días, por lo que casi sólo podía disfrutar de él los fines de semana. Quería mucho a sus padres, aunque creía que eran un poco estrictos con él, o eso le parecía, porque otros compañeros de clase hacían en su casa lo que les daba la gana. Sin embargo, Minler le razonó que eso era simple y llanamente enseñar a comportarse con los demás como en una sociedad civilizada.

También habló de su hermana, siete años mayor que él, que estudiaba arqueología. Ejercía de hermana mayor y nunca habían jugado juntos.

Habló también de su afición a la lectura y al cine y de cuánto había disfrutado cuando su padre lo llevaba al parque y a ferias y espectáculos. Ernesto contó cosas de las que no solía hablar con los demás: de su timidez y su dificultad para hacer amigos, de cuánto echaba de menos a sus primos, que vivían en otra ciudad. Sólo los veía muy de tarde en tarde. Incluso de aquella compañera del instituto que le gustaba, pero a lo que no se atrevía a decirle nada por si se reía de él. Fue abriendo su corazón al mago y tuvo la sensación de que por primera vez alguien lo escuchaba y lo comprendía.

Minler le contó alguno de sus viajes por países exóticos y le habló de curiosos personajes que había conocido, incluso le mostró algunos objetos muy extraños que guardaba, especialmente un rompecabezas hecho de madera y otros materiales.

Cuando ya habían hablado más tiempo del que Ernesto recordaba haber hablado nunca, Minler propuso de pronto:

–¿Te gustaría aprender algunos trucos para demostrar que posees una mente poderosa y dejar asombrados a todos?

–¡Estupendo!

La mente prodigiosa

7

En el carromato del Gran Mago Minler había multitud de cachivaches y de papeles y libros. A simple vista daba la impresión de que existía un gran desorden, aunque los elementos que utilizaba en sus funciones diarias estaban bien ordenados junto al tocador donde se sentaba a arreglarse. El mago sabía perfectamente dónde estaba cada cosa, pues se levantó y de un enorme montón de papeles escogió sin dudar un gran pliego lleno de números.

–Existen muchos trucos de magia que pretenden dar la impresión al público de que el mago tiene una gran memoria y que es capaz de recordar gran cantidad de datos, a simple vista algo imposible para las personas normales. Te voy a enseñar uno de ellos. En este papel, como puedes ver, existen muchos números, casi 50 –continuó Minler, mientras le mostraba el pliego que había cogido–, y todos son menores que 70. Pero si te fijas, no están todos los números consecutivos, pues hay algunos que faltan y además están totalmente desordenados. Yo te aseguro que sé cuáles son todos los números que aparecen y que además sé en qué lugar está cada uno. Para demostrártelo, voy a volverme de espaldas y tú vas a tapar el número que quieras con esta moneda. Yo sin más que echar un vistazo al tablero, voy a decirte qué número has tachado.

El papel que mostraba Minler era el siguiente:

20	49	61	11	40	31
55	17	47		69	14
27	48	41	8	33	23
6	35	26	15	44	56
29	64	9	50	12	42
3	28	18	22	43	36
10	39	51	1	30	21
45	7	37	24	59	4

Mientras Minler se volvía, Ernesto colocó la moneda que tapaba totalmente el número en la segunda fila cuarta columna, y le dijo al mago que ya lo había hecho. Éste se volvió y sin dudar un instante dijo de inmediato:

–Has tapado el 34 –y mientras se volvía de espaldas de nuevo, preguntó–: ¿quieres probar con otro número?

Ernesto colocó la moneda en la quinta fila quinta columna. Pero de nuevo Minler se volvió sin darle tiempo ni a respirar y dijo triunfante:

–Ahora has tapado el 12.

–Desde luego, veo claro que conoces el lugar de cada uno de los números del papel... –dijo Ernesto.

El mago rió. Disfrutaba desconcertando a su alumno antes de explicarle los trucos.

–En realidad, no conozco ninguno de los números que aparecen, lo único que sé es la regla con la que he construido esa matriz de números. Lo fundamental es saber cómo están distribuidos, y también es una regla que puedes cambiar a tu antojo. Fíjate en un número cualquiera, por ejemplo el primer número que tapaste, el 34 –continuó el mago–. Lo único que tienes que hacer es contar en diagonal 4 casillas, contando como primera a la casilla tapada, en la dirección que puedas. En el caso del 34 sólo puedes contar 4 casillas en diagonal hacia abajo a la izquierda, y llegas a una casilla donde está el 29. Sólo tienes que sumar 5 a ese número para saber cuál es el que estaba tachado. Si al contar en diagonal, en lugar de bajar hubieses subido, al número obtenido tendrías que restarle 5 para saber cuál es el oculto.

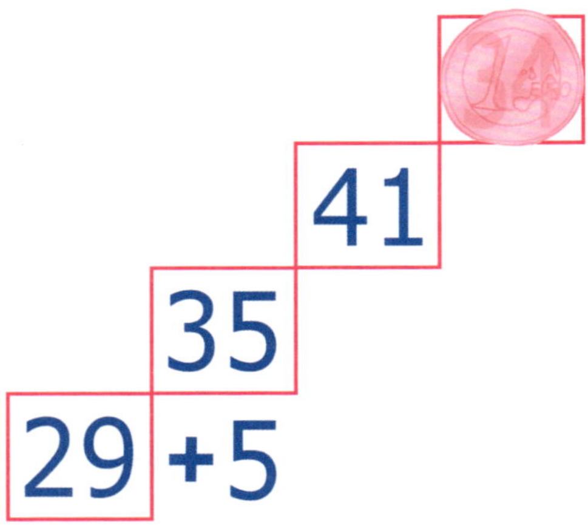

–¿Podemos probar con otro número?

–Claro –contestó Minler–. Comprueba ahora el segundo caso con el número 12. En esta ocasión puedes contar 4 casillas hacia abajo a la izquierda y obtienes el 7 (como has contado hacia abajo, basta sumar 5 a ese valor, 7 + 5 = 12), o también puedes contar hacia arriba y a la izquierda, con lo que llegas a la casilla con el número 17 (como ahora he subido, tengo que restar 5 a lo que obtengo, luego 17 – 5 = 12). Ves que en ambos casos obtengo el valor 12, el que habías tachado.

El mago dejó un momento que Ernesto probara el truco con todos los números que quiso. Cuando comprobó que funcionaba en todos lo casos, le preguntó:

–¿Y cómo puedo yo modificar la tabla con otros números para utilizar otra clave?

–Me parece estupendo que quieras conocer todos los entresijos de los trucos –dijo Minler–. Tienes que tener claro cómo está construida la matriz de números, y decidir qué regla vas a utilizar. Puedes hacer el cuadro tan grande como quieras, hasta puedes poner más de 100 números. La única exigencia es que el número de columnas nunca puede ser mayor que el doble de la cantidad de casillas que vayas a contar desde la casilla tapada menos dos unidades.

–¿Y si en lugar de contar 4 casillas como en el anterior, quiero contar 5? Observó Ernesto–. Entonces podría colocar hasta 8 columnas, ¿no es así?

–Exacto. Y el número de filas puede ser el que tú quieras... Imagina que quieres poner la regla de contar 5 casillas desde un número, y cuando llegues vas a sumar o restarle 3 al valor de partida. Para ello, debes comenzar en cualquiera de las casillas de las 4 últimas filas, siempre una menos de las que vayas a contar, y colocas el número que quieras, cuentas 5 en diagonal hacia arriba y en ese lugar escribes el valor añadiéndole 3. Si puedes seguir contando en diagonal hacia arriba, sigues y le añades 3 al último número que has escrito. Cuando ya no puedas seguir, vuelve a elegir una casilla de las 4 primeras filas y escribe un número que no hayas escrito antes; vuelve a repetir el proceso hasta completar todos los cuadros.

Ernesto tomaba nota de todo lo que el mago explicaba para repetir el experimento en casa. Había comprobado que no bastaba con escuchar la explicación. Para aprender, había que practicar y repetir tantas veces como fuera necesario.

–Bien, pasemos ya a otro truco –continuó el mago–. Aparte de una memoria potente, lo que más asombra en un mago es que tenga una capacidad de cálculo extraordinaria, es decir, que sepa operar rápidamente con números grandes. Así que te voy a proponer un par de trucos para que veas.

–¿De verdad piensas que yo podré aparentar tener tal capacidad de cálculo? Todos saben que se me dan muy mal las matemáticas...

–Lo conseguirás, estoy seguro. Sabes que es fácil hallar mentalmente el cuadrado de un número de una cifra; es decir, el producto de un número por sí mismo es fácil si el número es menor de 11, pues casi todos nos conocemos las 10 primeras tablas de multiplicar sin problemas. Pero si el número es de 2 cifras, ya resulta más difícil. Los que manejan muchos números pueden saberse los cuadrados de algunos valores, pero en general hay que hacerlo a mano y con calculadora. Sin embargo, te voy a demostrar que un mago bien entrenado, como yo, puede hacer maravillas con algunos valores especiales. Aquí tienes la calculadora para que compruebes mis cálculos –el mago se la entregó a Ernesto–. Dime un número de dos cifras que termine en 5.

–El 35 –contestó Ernesto.

–Comprueba con la calculadora que su cuadrado es 1225 –dijo rápidamente el mago, mientras Ernesto lo hacía–. Venga, prueba con otros números.

–¿Cuánto es el cuadrado de 75? –preguntó Ernesto.

–5625 –respondió el mago sin pestañear.

–¿Y el de 95?

–Ése es fácil. 9025 es su cuadrado.

–¿Y el de 115? –planteó Ernesto queriendo coger al mago desprevenido.

–Ese vale 13225, pero ya es un número mayor de 2 cifras, así que no me hagas trampas... Supongo que querrás saber el truco, ¿no?

–Por supuesto –dijo Ernesto.

–Verás que en este caso es muy fácil. Sólo tienes que coger el número que corresponde a la primera cifra del valor pedido y multiplicarla por el número que le sigue. Al valor que se obtenga le añades detrás el número 25. Fíjate por ejemplo en 75. Tomo el 7 y lo multiplico por 8, con lo que obtengo 56, le añado 25 y de esa manera $75^2 = 5625$. Compruébalo en los otros casos.

Así lo hizo Ernesto y vio cómo le daba en todos los casos.

–Si estás interesado, te puedo decir que esta propiedad también es verificable mediante el álgebra –explicó Minler–. Observa que te he pedido un número de 2 cifras terminado en 5, es decir un número de la forma $a5$, donde a es la cifra de las decenas; eso quiere decir que ese número tiene a decenas y 5 unidades, es decir $a5 = 10 \times a + 5$. Si ahora elevo al cuadrado ese valor

$(a5)^2 = (10 \times a + 5)^2 = (10 \times a + 5) \times (10 \times a + 5)$

tengo que multiplicar cada sumando del primer paréntesis por los sumandos del segundo, y obtengo:

$(10 \times a + 5) \times (10 \times a + 5) =$

$= (10 \times a) \times (10 \times a) + (10 \times a) \times 5 + 5 \times (10 \times a) + 5 \times 5 =$

$= (10 \times a)^2 + 50 \times a + 50 \times a + 25$. Al final obtengo

$a5 = 10 x a + 5$

$(10 \times a)^2 + 100 \times a + 25$, en donde si separo el 25 del final, me queda multiplicando a 100 (es decir a las centenas) el valor $a^2 + a$, que es igual que multiplicar $a \times (a + 1)$. Por tanto la primera cifra la multiplico por el número siguiente y eso son las centenas, de modo que basta añadir 25 detrás para obtener el resultado final –terminó por fin Minler–. ¿Qué te parece?

–Un poco lioso, ¿no? –dijo Ernesto.

–Si lo repasas con tranquilidad, verás que no es así. Además, puedes comprobar que siempre es cierto valga lo que valga la primera cifra, aunque sea el número de más de 2 cifras, como en el que me preguntaste de 115. Pero en ése pude contestarte porque yo sabía que 11 x 12 = 132. Si fuesen números mayores, sería más complicado hacer la operación mentalmente. Estando bien entrenado es posible, pero se tarda un poco más.

Ernesto cogió la calculadora y comprobó que con números más grandes, como 205 o 415, también funcionaba la regla.

Casi sin dejarle tiempo a respirar, el mago ya estaba proponiendo otro truco nuevo.

–¿Qué te parecería hacer una suma de 7 números en un segundo, teniendo cada uno de ellos 3 cifras?

Ernesto tragó saliva, preparándose para una nueva sorpresa.

Sumas y restas con truco

8

El mago tomó uno de los papeles que comenzaban a llenar la mesa en la que trabajaban, y propuso a Ernesto que colocara números uno debajo de otro para realizar una suma. Tenía que escribir números de 3 cifras distintas que no comenzaran por 9. A medida que Ernesto decía un número, Minler contestaba inmediatamente con otro.

–735 –comenzó Ernesto.

–251 –dijo el mago.

Le volvió a tocar el turno a Ernesto, que dijo el 147, Minler respondió con el 264, siguió Ernesto con el 561 y Minler continuó con el 852.

–Para completar la suma vas a añadirle el 438. Ahora hazla y comprueba que te da 3248 –dijo por último Minler.

Ernesto, que aún no había tenido tiempo de terminar de escribir el último número, miró alternativamente al mago y después a la suma, sin dar crédito a sus oídos por la rapidez de Minler, que soltó una risotada.

–No te asombres tanto –dijo–, el truco aquí consiste en los números que yo coloco en respuesta a los que tú me dices. Observa bien la suma. Yo he dicho 4 números. El primero, el 251, es como siempre para enmascarar lo demás que voy a realizar. Pero quitándolo a él, en los demás números lo que hago es completar a 999 el número que tú has dicho, de esa manera fíjate en las siguientes sumas:

1er número tuyo	735
Número para tapar	251
2º número tuyo	147
1er número mío	264
3er número tuyo	561
2º número mío	852
3er número mío	438
Suma total	3248

Sumas parciales		
735	147	561
264	852	438
999	999	999

–De esa manera, yo sé que los tres números que tú digas junto con los tres míos, van a sumar en total 999 x 3 = 2997; es decir 3000 menos 3. Así que lo único que tengo que hacer es quitarle 3 al primer número que yo había dicho, el 251, y añadirle un 3 en la cifra de las unidades de mil.

–Buen truco –tuvo que reconocer Ernesto.

–Todavía podía haberlo hecho más vistoso. Yo sé desde el primer momento qué valor va a quedar en la suma, así que podía haber escrito en un papel cuál iba a ser el resultado y habérselo dado a alguien del público. Una vez realizada la operación, se muestra al público el papel y se consigue un gran éxito.

–Es curioso que el número 9 aparezca tantas veces en las operaciones –observó Ernesto mientras repasaba las sumas que tenía a la vista.

–El número 9 es un poderoso aliado para los trucos con números –dijo entonces Minler–. Te lo voy a demostrar contándote un par de trucos más, que puedes hacer con sumas y restas. Sigue los pasos que te voy a indicar:

1) Piensa un número con la cantidad de cifras que quieras, sin importar que se repitan.

2) Ordena ahora las cifras de ese número en otro orden cualquiera, obteniendo un número que debe tener tantas cifras como el original.

3) Réstale al mayor de los dos números el más pequeño.

4) Del resultado de la resta, tacha un número cualquiera, que no sea un 0.

5) Ahora dime las cifras que te quedan en el resultado en el orden que quieras.

Ernesto fue escribiendo los números según las ordenes recibidas. Primero escribió el número 61484, luego cambió las cifras de lugar y puso 48641 y los restó obteniendo 61484 – 48641 = 12843. A continuación tachó el 3 final y le dijo al mago las cifras en el orden 8, 4, 2 y 1.

–Has tachado un 3 –dijo el mago en cuanto Ernesto terminó de recitar las cifras.

Ernesto no salía de su asombro: ¡el mago no había visto ninguno de los números que había utilizado en el truco!

–No te extrañes tanto –dijo Minler–, todo se basa en utilizar el 9. Cuando nosotros cogemos una serie de cifras y las ordenamos de distinta manera, al restar los dos números el resultado es siempre un múltiplo de 9 (puedes comprobarlo con el 12843 que te ha salido). Como recordarás, un número múltiplo de 9 tiene la característica de que si sumamos sus cifras, el resultado es también múltiplo de 9. Por ello, cuando me das las cifras que te quedan, yo lo único que hago es irlas sumando (en tu caso 8 + 4 + 2 + 1 = 15), entonces me fijo en cuánto falta para el siguiente múltiplo de 9 (que sería 18, y por tanto 18 – 15 = 3). Ésa es la cifra que has tachado.

–¿Y si hubiese tachado un 9? –preguntó Ernesto buscando el caso límite.

–Precisamente por eso se pide que no se tache un 0. Si al hacer la suma de las cifras que quedan me diera por casualidad un múltiplo de 9, quiere decir que el número tachado ha sido también un 9 (otra posibilidad sería el 0, que ya se ha eliminado como caso). Como ya te he dicho, hay muchos trucos que se basan en la divisibilidad entre 9 –continuó explicando Minler–. Te puedo proponer otro en la misma línea que el anterior, aunque un poco más simple. Sigue las siguientes indicaciones.

1) Escribe un número con la cantidad de cifras que quieras.

2) Suma todas las cifras del número.

3) Al número inicial le restas el valor de la suma que te ha dado antes.

4) En el resultado de la resta tacha la cifra que quieras.

5) Dime las cifras que te quedan en el orden que quieras.

El número que eligió Ernesto en esta ocasión fue el 27815. Al sumar las cifras le dio 2 + 7 + 8 + 1 + 5 = 23, y al restar este valor del número 27815 – 23 = 27792, en donde tachó uno de los 7.

–Me quedan al final las cifras 2, 9, 2 y 7 –le dijo Ernesto al mago.

–Pues entonces has debido tachar un 7 –dijo rápidamente Minler–. Es muy sencillo: si sumo los valores que me has dado, obtengo 2 + 9 + 2 + 7 = 20; como el siguiente múltiplo de 9 es 27, me basta restar para saber que la cifra que falta es 27 – 20 = 7. Pero pasemos a otro truco.

El mago cogió un papel y escribió algo en él, lo dobló cuidadosamente y lo colocó debajo de la tetera donde había preparado la infusión de hierbas, que para entonces ya estaba bastante fría.

–Toma papel y ve escribiendo los valores que te voy a pedir en el siguiente truco:

1) Piensa un número de 3 cifras de forma que la primera y la última no sean iguales.

2) Cambia ahora la primera y la tercera cifra, obteniendo un nuevo número de 3 cifras con la del centro igual que el anterior.

3) Resta al mayor el menor.

4) Del resultado de 3 cifras (aunque la primera haya sido un 0) cambia de nuevo la primera y la tercera cifra.

5) Ahora suma el resultado de la resta con el valor que has obtenido al cambiar entre sí las cifras. ¿Qué resultado has obtenido?

Ernesto eligió el número 621 y realizó las siguientes cuentas en el papel	621	495
	- 126	+ 549
	495	1089

–Me da 1089 –respondió Ernesto.

–¿Te importa mirar qué es lo que había escrito en el papel? –pidió el mago.

Ernesto abrió el papel y en él se encontró escrito el número que acaba de calcular. Asombroso. Inmediatamente le pidió al mago que le explicara cómo lo había adivinado.

–Por desgracia, este truco sólo se puede hacer una vez ante el mismo público, porque la clave se basa en que sea cual sea el número que tú elijas al principio, el resultado final después de la suma y la resta siempre será el mismo valor –explicó el mago–. Si quieres, compruébalo con otro número cualquiera.

Entonces Ernesto eligió otro número distinto del anterior, en este caso el 427 y realizó las operaciones correspondientes obteniendo el mismo valor.	724	297
	- 427	+ 792
	297	1089

Unos trucos tras otros fue pasando el tiempo. Cuando se dieron cuenta, ya era muy tarde.

–Creo que deberíamos continuar otro día –dijo Minler–. Nos quedan muchas cosas que ver. Vamos a dejar de momento los números y vamos a trabajar con otros materiales, como cartas, cuerdas, puzzles especiales, calendarios... Aún quedan cosas muy curiosas que se pueden hacer con los números, pero lo dejaremos para más adelante.

Ernesto tenía compromisos los dos siguientes días por la tarde, por lo que no podría venir al circo. Pero la tarde del jueves la tenía libre. Entonces Minler le hizo una inesperada oferta:

–El jueves asistirá poco público, pues aún no han dado oficialmente las vacaciones en los colegios. Si te apetece, comemos juntos y luego puedo conseguir que te dejen pasar a ver la función.

Ernesto estaba encantado con la idea y aceptó sin dudarlo. Pero de pronto recordó todos los penosos números circenses que tuvo que soportar la primera vez que fue al circo, antes de la actuación del mago.

–No sé si podré ver todas las actuaciones –se disculpó Ernesto con diplomacia–. De otro modo, no podría estar casi nada contigo...

Minler sonrió, y Ernesto creyó ver que se guardaba su opinión sobre el resto de las actuaciones.

Trucos con cartas

9

Durante los días que tardó en volver al circo, Ernesto practicó los trucos que había aprendido. Como esos días no tenía deberes, porque ya estaban las vacaciones en puertas, dedicó todo el tiempo a realizar trucos con cualquiera que se le puso a tiro. A los compañeros los volvió locos con su magia, pues ninguno había creído que Ernesto tuviese esas dotes. También logró efectos *curativos* con un vecino que vivía solo y al que quería mucho. Este señor se encontraba enfermo, pero después de una sesión maratoniana de magia se sintió mucho mejor e incluso fue a trabajar al día siguiente.

Sus padres estaban asombrados con el cambio producido en su hijo. Conocían su aversión por las cuentas, pero ahora lo veían llenar papeles con números y operaciones sin descanso. A veces, al terminar sus cálculos, comenzaba a dar palmas y vivas para sí mismo, como si se le hubiese cruzado algún cable.

Cuando llegaban las fechas de evaluaciones, Ernesto solía estar desanimado, cansado por el esfuerzo realizado en los últimos días. Sin embargo, ahora se le veía radiante y deseoso de aprender cosas nuevas. Por ello, sus padres no tuvieron inconveniente en que fuera a comer con el mago, aunque expresaron su deseo de conocer a la persona que tan poderoso influjo estaba teniendo en su hijo.

El jueves a mediodía Ernesto recogió a Minler en su hotel y pasearon por el centro de la ciudad. El alumno hizo de profesor. Ernesto le explicó al mago todo lo que sabía sobre la historia y la arquitectura importante de su capital. Luego fueron a comer a una pizzería.

Tanto la comida como la sobremesa fueron muy agradables. Ernesto le contó lo que había hecho en los últimos días, incluso le planteó algunas dudas que le habían surgido al realizar cambios en los juegos aprendidos. Minler procuraba cambiar de conversación y dejar el trabajo para más adelante, pero al final respondía a todo.

Fueron en taxi al circo. Los demás artistas también comenzaban a llegar para preparar sus actuaciones. Minler y Ernesto dieron un paseo por las instalaciones del circo. El mago le fue explicando para qué servía cada cosa y le presentó a algunos artistas.

El circo no era por dentro como Ernesto lo había imaginado. El trapecista, que de lejos parecía muy mayor y de cerca era todo arrugas, al estrecharle la mano le dio una sensación de fuerza que no se intuía desde las gradas. Uno de los payasos era realmente gracioso en persona; se quejaba del espectáculo que tenía que realizar para satisfacer a los niños pequeños, que solían ser sus más fervientes admiradores. Se asombró también cuando vio a alguno de los saltimbanquis con los ejercicios de calentamiento, que parecían casi más complicados que los que realizaban en escena. Alguno se retorcía como una goma.

Cuando por fin llegaron al carromato, prepararon el material que el mago necesitaría para su actuación. Una vez listo, Minler le dijo:

–Dentro de poco tendré que comenzar a arreglarme. Hoy no podremos ver trucos nuevos, así que no sé si sentirás haber perdido el tiempo.

–Claro que no. La verdad es que he pasado un día muy agradable y me ha gustado mucho conocer a los otros artistas –dijo Ernesto, aunque no pudo ocultar su decepción por no poder ver más trucos.

–De todas maneras –rectificó Minler–, podríamos aprovechar el tiempo que queda y ver un par de trucos rápidos. Vamos a jugar un poco con las cartas.

El mago tomó una baraja y separó una serie de cartas. Se volvió un momento, por lo que Ernesto no vio lo que había hecho, y después comenzó a barajarlas, tomando cartas de encima de la baraja y colocándolas debajo. Entretanto, le dijo a su discípulo:

–Tengo en la mano parte de una baraja española de distintos números y distintos palos. Ahora, cuando te dé el montón, mientras yo no miro, pasa una a una las cartas de debajo que tú quieras y las colocas encima, pero siempre un número menor de 12 cartas. Después adivinaré cuántas cartas has pasado de abajo arriba.

Tal como le había indicado el mago, Ernesto pasó unas cuantas cartas, una a una, encima del montón. Cuando acabó, se lo devolvió al mago. Éste comenzó a contar las cartas de encima, hasta que miró una y dijo:

–Has pasado 4 cartas.

Era el número exacto. El mago le pidió a Ernesto que volviera a realizar la operación. Al terminar, tomó de nuevo el montón.

–Ahora van a ser las propias cartas las que te dirán cuántas has pasado –dijo Minler mientras contaba una serie de cartas de la parte de arriba del montón. De pronto levantó una carta, el 7 de espadas–. Esta carta te indica que has pasado 7 cartas hasta arriba.

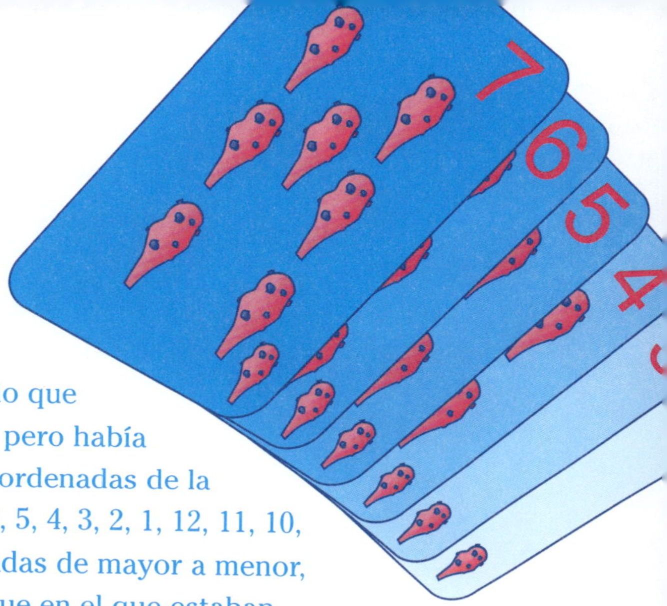

Ernesto reconoció que ése era el número que había movido. Minler le enseñó entonces el montón de cartas y vio que eran de distinto palo, pero había una de cada número, ordenadas de la siguiente manera: 7, 6, 5, 4, 3, 2, 1, 12, 11, 10, 9 y 8. Es decir, ordenadas de mayor a menor, aunque había un bloque en el que estaban ordenadas a partir del 1.

–El truco consiste en tener las cartas ordenadas desde la 12 hasta la 1, y no mezclarlas nunca. Hay que pasarlas siempre una a una, para que el orden se mantenga como si fuese una rueda. Para adivinar cuántas cartas se han pasado, lo único que tienes que hacer es echarle un vistazo a la última carta del mazo antes de entregarla al público. Cuando te devuelven el mazo, cuentas desde arriba el número de cartas que indica el valor de la carta que has visto debajo, y la carta que está en ese lugar te indica cuántas se han pasado.

–Así, no parece muy complicado –dijo Ernesto.

–No es complicado, pero sí se necesita practicar para resolverlo con habilidad. Vamos a hacer un ejemplo descubierto con las cartas tal como están –continuó Minler–.

Supón que yo paso arriba las últimas 3 cartas del montón; entonces al final me quedarían las cartas con la distribución siguiente: 10, 9, 8, 7, 6, 5, 4, 3, 2, 1, 12 y 11. Ahora cuento 8 desde arriba y en el octavo lugar tengo la carta con un 3, luego esas cartas has pasado. Prueba ahora tú.

En esta ocasión Ernesto pasó 5 cartas, con lo que quedó el orden 3, 2, 1, 12, 11, 10, 9, 8, 7, 6, 5, y 4. Contó 11 puestos desde arriba y, lógicamente, llegó a la carta que tenía el valor 5.

Sin darle tiempo para que Ernesto practicara lo que acababa de aprender, Minler pasó directamente a otro juego. Recogió las cartas que habían utilizado y las añadió al mazo completo. Después barajó y, sin que Ernesto viera lo que hacía, estuvo trasteando con las cartas. Una vez preparado, comenzó con el truco.

–Dime un número entre 10 y 20, sin incluir a este último.

–El 13 –eligió Ernesto.

Entonces el mago contó 13 cartas una a una de la parte superior del mazo, y las dejó boca abajo en la mesa. Carta que quitaba del mazo, carta que colocaba en el montón que se iba formando.

–Ya he separado las 13 cartas –dijo Minler–. Ahora, como 1 más 3 son 4, voy a retirar una a una 4 cartas de este montón y devolverlas al mazo.

Después, el mago cogió la primera carta del montón resultante y la colocó sobre la mesa aparte, boca abajo. Después, el montón que quedaba lo colocó directamente en el resto del mazo, que seguía teniendo en la mano. Repitió esto 3 veces, En cada caso el muchacho decía el número que quería entre 10 y 20, y cada vez el mago separaba la última carta que quedaba en el montón y la colocaba boca abajo en la mesa.

Al final quedaron 4 cartas boca abajo. Entonces el mago las fue levantando una a una y aparecieron los 4 ases.

–La base en que se fundamenta este truco –explicó Minler– tiene que ver con la importante propiedad que vimos el otro día para el número 9. Recordarás que si cogemos cualquier cantidad y le restamos la suma de sus cifras, lo que nos queda es siempre múltiplo de 9. Entonces, si te fijas en todos los montones que yo he hecho, como al final he devuelto al mazo tantas cartas como la suma de sus cifras, siempre han quedado en la pila pequeña 9 cartas; es decir, yo siempre he separado y dejado al lado la novena carta del mazo completo. Por tanto, para conseguir obtener los 4 ases basta

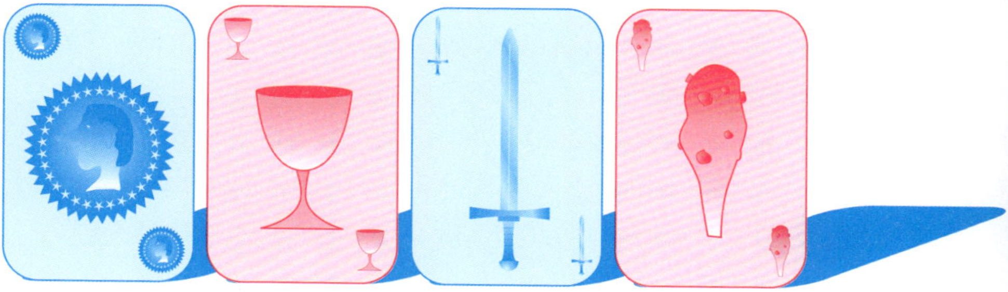

preparar la baraja de forma que éstos sean respectivamente la carta novena, décima, undécima y duodécima del mazo original. Así, siempre se consigue el efecto buscado.

–Bueno, para que no digas que yo soy el que preparo las cartas y por eso sé descubrir el manejo, te voy a enseñar un truco en el que yo no voy a tocar las cartas en ningún momento –continuó el mago sin darle respiro.

Ernesto, con los ojos abiertos de par en par, miraba alternativamente al mago y a la baraja, intentando asimilar cuanto veía.

Minler le entregó una baraja española completa, con los 8 y los 9, con lo que en total había 48 cartas. Le pidió que la barajara tanto como quisiera y que una vez que se hubiese cansado de marear bien las cartas, realizara los siguientes pasos:

1) Divide la baraja en dos montones que sean aproximadamente iguales.

2) Toma uno de los montones y cuenta, sin que yo me entere, las cartas que hay en él.

3) Te habrá salido una cantidad de cartas de 2 cifras, por ejemplo 34. Suma las 2 cifras (por ejemplo 3 + 4 = 7) y quita de la parte de abajo del montón tantas cartas como te haya dado la suma.

4) Fíjate ahora en qué carta queda al final del montón que tienes en la mano.

5) Una vez que recuerdes la carta, vuelve a colocar bajo el montón las cartas que habías retirado. Después coloca debajo del que tienes en la mano el segundo montón que no habías utilizado.

6) Y ahora viene la magia. Deletrea la frase "EL GENIAL MAGO MINLER," y por cada letra que digas ve quitando una carta de encima del mazo.

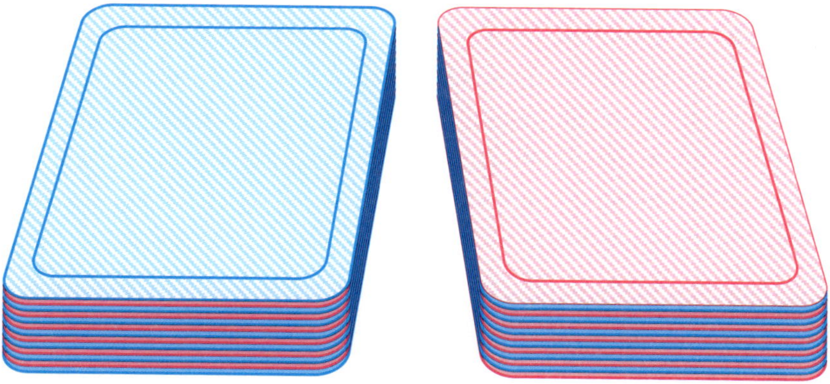

Así lo hizo Ernesto, y cuando acabó de deletrear, el mago le dijo:

–Por favor, mira la última carta que has retirado del mazo.

Ernesto volvió la carta. Allí estaba el 3 de copas, la carta que había visto antes.

–En este truco –explicó Minler sin dilación– también tenemos la ayuda de nuestro número favorito, el 9. Dime cuántas cartas contaste en el montón.

–En total había 23.

–Como al sumar 2 + 3 obtenemos 5 y al quitar esas del montón nos quedan 23 – 5 = 18, la carta en que te fijaste era la número 18 del montón que tenías en la mano. Observa que la frase que te he pedido que deletrees tiene exactamente 18 letras, por lo que la última letra coincide con la carta buscada.

–Pero ¿y si hubiese tenido otro número distinto de cartas? –insistió Ernesto.

–Ahí es donde viene el 9 en nuestra ayuda. Como en la baraja hay 48 cartas, en cada montón debe de haber unas 24 (una o dos arriba o abajo). Si sumas las dos cifras de un número entre 20 y 29 y se las restas al valor del número, el resultado es siempre 18. Recuerda lo que vimos el otro día: si sumas las cifras de un número y le restas ese valor, obtienes un múltiplo de 9, en nuestro caso el 18. Por eso, la frase vale siempre, sea cual sea el número de cartas que quede en el montón.

Ernesto y el mago siguieron charlando de trucos mientras éste se maquillaba. Minler consiguió que dejaran pasar a Ernesto dentro de la carpa al comienzo de su actuación, donde ocupó uno de los asientos vacíos, que esa tarde eran bastantes.

Disfrutó aún más de la actuación del mago. Se reía para sí cuando el mago dejaba asombrados a todos con sus trucos. Podía seguir el desarrollo del número con los conocimientos que había adquirido y sabía por anticipado lo que iba a decir el mago en casi todas las ocasiones.

Conocía muchos de los trucos, así que comenzó a fijarse en los detalles de la puesta en escena, tan importante para conseguir que la gente se asombrara aún más con los *poderes* mágicos del personaje.

Al acabar la función, ayudó a Minler a recoger el material.

Ernesto estaba muy cansado después del día tan excitante que había tenido, pero lo mejor estaba aún por llegar. Al día siguiente comenzaban las vacaciones. Vacaciones que no olvidaría en toda su vida.

La magia del calendario

10

El último día lectivo del trimestre Ernesto fue a recoger sus notas. Había aprobado casi todas las asignaturas. Tenía unos cuantos *suficientes*, algunos *bien* y algún que otro *notable* en asignaturas como tecnología, música o religión. Como era de esperar, había suspendido matemáticas, pero se tomó una pequeña revancha haciendo algunos trucos al profesor, que se quedó totalmente asombrado. No conseguía adivinar cómo le habían surgido de pronto esos poderes mágicos a un alumno al que consideraba una nulidad sin solución.

Aquellas vacaciones de Navidad, Ernesto se convirtió en una presencia frecuente en el circo. Conoció personalmente a todos los artistas, aunque con algunos simpatizó más que con otros. En muchos casos les ayudaba a preparar sus herramientas o a cuidar de los animales. Le permitieron dar de comer al elefante, y un malabarista le enseñó a lanzar los bolos al aire y recogerlos. Protegido con arneses, subió hasta el trapecio, donde se sentó y se balanceó un buen rato.

Ernesto invitó a sus padres a ver la función con unas entradas que le había regalado el mago. Les presentó a Minler, que les causó una gran impresión, pues lo encontraron muy sensato y agradable.

Claro está que durante esos días lo más importante para Ernesto eran los momentos en que se encontraba con Minler. En algunas de esas reuniones, Ernesto le contó al mago los trucos que conocía de pequeño, y Minler le explicaba cuál era el fundamento de esos juegos; incluso en algunos le explicaba variaciones y mejoras que Ernesto no había visto nunca. Ni que decir tiene que cada vez que llegaba a casa, repetía hasta la saciedad los juegos con su familia. Su hermana acabó encerrándose en su cuarto bajo llave cada vez que lo veía aparecer, y su padre prohibió terminantemente hablar sobre magia en las comidas. Pero aun así, todos en la familia estaban orgullosos de su maestría realizando trucos.

Uno de los días en que Ernesto visitó a su maestro, le enseñó una serie de calendarios de bolsillo, ya con las fechas del año siguiente. Era publicidad de la empresa en la que trabajaba su padre. Minler aprovechó los calendarios para unas nuevas lecciones.

–Haremos algunos trucos gracias a la distribución de los números en este calendario –dijo–. Elige un mes cualquiera.

Ernesto eligió un mes al azar. Su distribución de días era la siguiente:

L	M	X	J	V	S	D
			1	2	3	4
5	6	7	8	9	10	11
12	13	14	15	16	17	18
19	20	21	22	23	24	25
26	27	28	29	30	31	

–Debes elegir un cuadrado de 3 x 3 de lado que comprenda en total 9 días –dijo el mago– y a continuación suma los números que están dentro de ese cuadrado.

Entre todos los posibles, Ernesto eligió el cuadrado siguiente y sumó los números incluidos en él. Le dijo la cantidad al mago:

8	9	10
15	16	17
22	23	24

–Estupendo. Dime ahora cuál es el número que aparece en la esquina superior izquierda del cuadrado que has rodeado.

–El 8 –respondió Ernesto.

–Entonces la suma que has realizado te ha dado de resultado 144 –dijo Minler, tras pensar un instante.

Ernesto asintió, y enseguida pidió que le explicara cómo había podido saberlo, si él había elegido un mes y un cuadrado al azar, sin que el mago lo viera.

–Antes de explicarte el truco lo voy a hacer un poco más complicado –continuó el mago–. Elige otro cuadrado cualquiera, en el mismo mes o en otro, y vuelve a sumar los números que te queden dentro. Una vez que hayas terminado la suma, dime el valor que te da.

–Ahora me ha dado 189 –le respondió Ernesto.

–Entonces –contestó Minler tras pensar un poco– los números que has señalado son los siguientes:

13	14	15
20	21	22
27	28	29

En esta ocasión Ernesto *alucinó en colores*. Esperó con ansiedad a que el mago le explicara cuál era el secreto escondido en el calendario.

–Para justificar la regla –dijo Minler–, vamos a echar mano de una herramienta que ya conoces.

–¿No será otra vez el álgebra? –preguntó extrañado Ernesto.

–Pues así es. ¿No decías que el álgebra no aparecía en ningún sitio? –sonrió Minler–. Todo se basa en que la distribución de los números es siempre la misma; por tanto, todo depende del primer número que aparezca en el cuadrado. Voy a llamar *a* a ese primer número, y entonces los otros números que entran en el recuadro son siempre los siguientes:

a	a+1	a+2
a+7	a+8	a+9
a+14	a+15	a+16

–Ya veo... –dijo Ernesto–. Pero ¿no es muy difícil de calcular?

$$9 \times (a+8)$$

–Si utilizas el álgebra, no. Suma ahora esos 9 valores –continuó el mago– y obtendrás 9 veces la *a* más $1 + 2 + 7 + 8 + 9 + 14 + 15 + 16 = 72$, por lo que la expresión de la suma es $9 \times a + 72$, aunque para hacer el cálculo mental es más cómodo sacar factor común el 9, y por tanto tendremos $9 \times (a + 8)$. Entonces resulta que la suma de los 9 números vale 9 por la suma del primer número más 8. También puedes fijarte que el número $a + 8$ es el que está en el centro del cuadrado, por lo que la suma vale 9 veces el valor central.

–Es cierto. Así resulta más fácil.

–Para el otro truco debes utilizar la misma expresión, pero realizando las operaciones al revés –siguió el mago–. Cuando te dan el valor de la suma, sólo tienes que dividir entre 9 y restarle 8 al cociente y ya tienes el primer número, así que el cuadro es fácil de montar. La primera fila es el número obtenido y los 2 siguientes. Para hallar las restantes filas, sólo hay que sumarle 7 a la fila superior.

El mago propuso a Ernesto que realizara algunas pruebas. Una vez que ya dominaba los cuadros, Minler pasó a otro truco, en el que utilizó el mismo calendario.

–Ahora elige un mes cualquiera del calendario. Vas a utilizar únicamente las 5 primeras semanas; es decir, si hay algún día en una sexta semana, esos no se tienen en cuenta. Tacha un día de cada una de las semanas, en total tacharás 5 días. No importa que en semanas distintas taches el mismo –dijo Minler–. A continuación suma los días que has tachado.

Después de seguir las instrucciones, Ernesto se encontró con el siguiente resultado. Cuando terminó de sumar, se lo dijo al mago:

L	M	X	J	V	S	D
					~~1~~	2
3	4	5	6	7	8	~~9~~
10	11	12	~~13~~	14	15	16
17	~~18~~	19	20	21	22	23
24	25	26	~~27~~	28	29	30

–Respóndeme ahora las siguientes cuestiones. ¿En qué día de la semana cae el día 1? –preguntó Minler.

–En sábado –contestó Ernesto.

A continuación, Minler le preguntó cuántos lunes, martes, miércoles, jueves, viernes, sábados y domingos había tachado. Ernesto respondió respectivamente: ninguno, uno, ninguno, dos, ninguno, uno y uno. Entonces el mago realizó mentalmente unas operaciones y dijo sin dudar, triunfalmente:

–La suma resultante es 68.

A Ernesto ya no le sorprendía que el valor coincidiera realmente con la suma que había calculado. Para que comprobara que no había sido casualidad (algo que de todos modos ya sabía el entusiasmado discípulo), el mago volvió a realizarlo con otras cantidades.

–Si te fijas en la columna donde está el día 1 del mes –explicó Minler–, los 5 días que hay en esa columna suman lo siguiente: 1 + 8 + 15 + 22 + 29 = 75. Quiere decir que si hubieses tachado el mismo día de la semana en las 5 ocasiones, habrías obtenido 75. Ahora bien, si en lugar de tachar ese día de la semana, tachas el día anterior, el número que sumas tiene una unidad menos. Si tachas 2 días antes, tiene 2 unidades menos, y así sucesivamente. Si por el contrario tachas el día siguiente, estás sumando un número con una

unidad más que el correspondiente. Si es 2 días después, añades 2 puntos más, y así sucesivamente.

–En este caso, el día 1 era sábado, así que habría que tener en cuenta que el domingo tiene una unidad más... –aventuró Ernesto.

–Exacto. El domingo tiene una unidad más, el viernes una menos, el jueves dos menos, el miércoles tres menos, el martes cuatro menos y el lunes cinco unidades menos. Sólo tengo que sumar o restar, según los días que hayas tachado.

–Ya veo... –asintió Ernesto.

–En tu caso concreto, la suma inicial es 75 –prosiguió Minler–. Como has tachado un martes, le resto 4 unidades (75 – 4 = 71); por cada jueves, debo restar dos unidades (71 – 2 – 2 = 67). Por el sábado, ni sumo ni resto, porque es el día que corresponde al 1. Al final, por el domingo sumo 1 y obtengo el resultado final de la suma, que es 67 + 1 = 68.

Ernesto practicó con otros ejemplos y comprobó que, como siempre, el truco funcionaba fuese cual fuese el mes elegido y los días tachados.

–Vamos a ver ahora –dijo Minler– un truco similar al primero, pero que utiliza un razonamiento parecido a este último.

El mago le dijo que tenía que elegir en uno de los meses un cuadrado, pero ahora de lado 4, de forma que dentro del cuadrado quedaran 16 números. Ernesto eligió el siguiente:

4	5	6	7
11	12	13	14
18	19	20	21
25	26	27	28

–Ahora dime un número del 1 al 4 –pidió Minler.

–El 3 –dijo Ernesto.

–Dime otro número del 1 al 4, no importa que sea el mismo que antes.

–Ahora elijo el 2.

–Dime entonces qué número aparece en la tercera columna y segunda fila de tu cuadro –pidió el mago.

–El número 13.

El mago tomó un papel y escribió algo en él. Después lo dobló, se lo dio a Ernesto y le pidió que lo guardara hasta el final del truco. Entonces le pidió que realizara las siguientes órdenes:

1) Elige un número cualquiera, lo rodeas con un círculo y tachas todos los números de la misma fila y de la misma columna donde esté.

2) De los números que quedan sin tachar, elige otro y haz lo mismo, rodéalo con un circulo y tacha todos los números que están en la misma fila y en la misma columna que no hubieses tachado antes.

3) Con los números que quedan vuelve a hacer lo mismo, elige uno y tacha los demás de su fila y columna.

4) Te quedará solamente un número por tachar, rodéalo con un círculo.

Después de realizar las órdenes que el mago le había dado, se encontró con la siguiente tabla:

~~4~~	~~5~~	(6)	~~7~~
(11)	~~12~~	~~13~~	~~14~~
~~18~~	(19)	~~20~~	~~21~~
~~25~~	~~26~~	~~27~~	(28)

–A continuación suma los cuatro números que tienes rodeados por un círculo y dime la solución.

–La suma me da 64 –dijo Ernesto.

–¿Te importaría mirar qué pone en el papel que te di antes?

Ernesto abrió el papel y se encontró con el resultado de la suma escrito en él: 64. Era un truco muy parecido al anterior. Minler se lo explicó de inmediato.

–En primer lugar, te diré que si en el cuadrado hubieses seleccionado cualesquiera otros números, la suma siempre sería la misma, en tu caso 64. El motivo es por la distribución de los números. Fíjate que ahora tenemos el siguiente caso:

a	$a+1$	$a+2$	$a+3$
$a+7$	$a+8$	$a+9$	$a+10$
$a+14$	$a+15$	$a+16$	$a+17$
$a+21$	$a+22$	$a+23$	$a+24$

Ernesto seguía tomando notas pacientemente y con todos los sentidos alerta.

–Ten en cuenta –le dijo Minler– que por la forma en que has elegido los números, tienes 1 de cada fila y 1 de cada columna. Si sumas los 4 elementos de la primera columna, obtienes 4 x a + 42, y tienes un elemento de cada fila. Pero como debes tener 1 de cada columna, 1 de esos números debe estar en la segunda columna en lugar de en la primera; con lo que tendrá una unidad más. Otro debe estar en la tercera en lugar de la primera (2 unidades más), y por último, otro debe estar en la cuarta columna en lugar de la primera (3 unidades más). Por eso siempre la suma de los 4 números que taches será:
$4 \times a + 42 + 1 + 2 + 3 = 4 \times a + 48 = 4 \times (a + 12)$.

–No acabo de ver cómo descubrir la cantidad.

–Es sencillo –sonrió Minler–. Esto quiere decir que si sabes el número de la esquina superior izquierda, basta con sumarle 12 y multiplicar el resultado por 4. Pero para no pedir otra vez el primer número y despistar un poco al voluntario, se pide un número al azar, según he hecho yo contigo. Basta tener en la cabeza la distribución de la tabla anterior. Si me dices que en la tercera columna y segunda fila está el 13, como yo sé que en ese lugar va $a + 9$, ya sé que el número de la esquina es el 4. Luego basta una simple operación 4 x (4 + 12) = 4 x 16 = 64 y ya está la suma. Eso puede escribirse en un papel, pues como ya te he dicho, taches en el orden que taches, la suma de los 4 números resultantes siempre será ese valor.

Ernesto estaba muy contento porque estaba aprendiendo juegos de magia muy diversos. Ya sabía hacer cálculos adivinatorios con la calculadora, que cada vez manejaba mejor, pues Minler aprovechó para explicarle el uso de las memorias y los factores constantes para realizar operaciones repetitivas. También había manejado dados y cartas y, por supuesto, lo que acababa de aprender con los calendarios.

Pero Ernesto no sabía que, aparte de aprender trucos muy curiosos con números, aún le quedaba trabajar con figuras que aparecían y desaparecían, y también algunos trucos con cuerdas.

Las mayores sorpresas aún estaban por llegar.

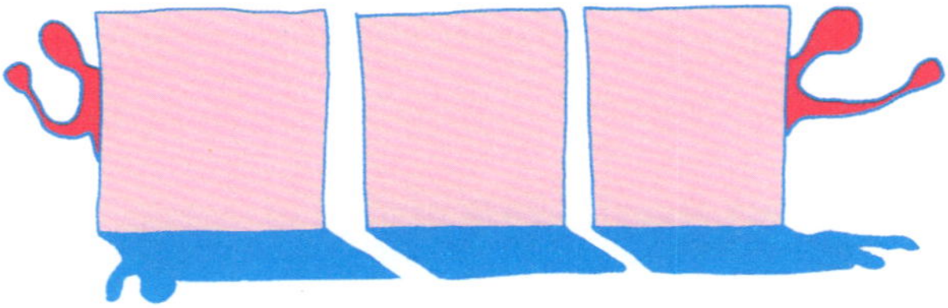

11 Unos números muy curiosos

Ernesto aprendía nuevos trucos casi todos los días y adquiría más y más destreza.

El mago cambiaba constantemente de estructuras y materiales, pero siempre insistía en explicarle el fundamento de cada truco.

Un día realizó uno con monedas. Puso sobre la mesa dos grupos de monedas, donde había céntimos, décimos y euros. Le pidió que, a sus espaldas, eligiera una moneda del primer montón y otra del segundo y se colocara aleatoriamente en cada mano una moneda.

–Ahora –decía el mago– voy a descubrir en qué mano tienes la moneda que has tomado del primer montón y en cuál la del segundo. Quiero que multipliques por 2 el valor de la moneda que tienes en la mano izquierda, y por 3 el valor de la moneda de la mano derecha. Después suma los 2 valores y dime el resultado.

–40 céntimos de euro –respondió Ernesto después de hacer los cálculos.

–Entonces en la mano izquierda tienes la moneda que has cogido del primer montón y en la derecha la del segundo montón –dijo Minler.

Ernesto reconoció que era correcto. El mago, sin volverse, planteó otra prueba. Pidió que volviera a dejar las monedas en su sitio y que eligiera una de cada montón. No importaba que alguna fuese de las que había elegido anteriormente.

–Voy a complicar un poco los cálculos. Si te hace falta la calculadora, puedes utilizarla. Ahora quiero que multipliques el valor de la moneda que tienes en la mano izquierda por 5, y la que tienes en la mano derecha por 4, vuelve a sumar los resultados y dime el valor final de la suma.

–Lo que me sale ahora es 1 euro con 5 céntimos –contestó Ernesto.

–Es decir, que en esta ocasión has vuelto a guardar en la mano izquierda la moneda del primer montón, y en la otra mano la del segundo montón –dijo el mago.

Ernesto volvió a asentir. El mago advirtió que Ernesto estaba deseando que le explicara el truco, así que en seguida le planteó la solución.

–Este juego se basa en números pares e impares. Fíjate que en el primer montón de monedas yo he colocado varias, pero todas de 1 o de 5 céntimos de euro, es decir cantidades impares. Por el contrario, en el segundo montón he puesto monedas con valores pares, en concreto de 2, 10 y 20 céntimos. Todo se basa después en multiplicar los valores de las monedas por dos números, uno par y otro impar. En el primer caso multipliqué por 2 y 3, en el segundo por 4 y 5. Entonces depende del resultado, y así puedo saber dónde está la moneda. Da igual que multiplique la moneda de valor par por la cantidad par o impar, el resultado siempre es par. Pero si multiplico la moneda de valor impar por un valor impar, el resultado sigue siendo impar; por lo tanto, al sumar el otro valor (que es par), la suma sale impar. Por el contrario, si multiplico la moneda de valor impar por el número par, el resultado es par y la suma final también me da par. Pensemos que las monedas impares son las del primer montón; si el resultado me da impar, esa moneda está en la mano en la que yo he multiplicado por un número impar. Si la suma final es par, la moneda del primer montón está en la mano en que he multiplicado por un número par.

Ernesto comprobó que era cierto en los casos que antes había hecho. En el primer caso había cogido en la mano izquierda una moneda de 5 céntimos de euro, y en la derecha una de 10 céntimos. En el segundo caso había vuelto a coger una de 5 céntimos en la izquierda, pero en la derecha cogió una de 20 céntimos. Después hizo algunas otras pruebas, y en todos los casos le salió bien.

El mago sabía que a su aprendiz le gustaban mucho los trucos con cartas, monedas y dados. Para el siguiente truco que le propuso, con cartas y dados, comenzó por ofrecerle de nuevo una calculadora.

–Tú sabes que las fracciones son divisiones entre números enteros que a veces dan como resultado otro número entero. Si no, lo que se obtiene son decimales. También habrás visto en la escuela que esos decimales unas veces son unos pocos y otras veces no se acaban nunca. Vamos a trabajar con un número curioso. Te propongo que calcules el valor de 1/7.

Ernesto lo hizo y obtuvo el valor 0,14285714. El mago separó 6 cartas y se las mostró.

–Mira cómo en ese resultado hay una serie de números que parecen muy complicados. Las primeras cifras decimales del número 142857 vuelven a repetirse después, aunque no hayan salido más en la calculadora porque no caben en la pantalla. He separado las 6 cartas que me

permiten formar ese número; el palo en este caso no importa, sólo el valor de las cartas. Tengo los siguientes números: 1, 2, 4, 5, 7 y 8. Con ellas formo el 142857.

El mago las tomó una a una y formó un pequeño montón, que barajó varias veces, pasando cartas de debajo a encima del montón. Después le dijo a Ernesto:

–Ahora lanza el dado. Si te sale un 1, vuelve a lanzarlo hasta que te salga un valor distinto. Después escribe el número 142857 y multiplica ese valor por lo que te haya salido en el dado. Espero que no te importe hacerlo sobre un papel en lugar de la calculadora, ya que es sólo multiplicar por una cifra y el truco necesita que desarrolles tus multiplicaciones.

Ernesto lanzó el dado y le salió un 4. Mientras él hacía la operación, el mago pasó una serie de cartas de encima del montón hasta debajo y las colocó en posición invertida sobre la mesa. Cuando Ernesto dijo que ya había hecho el cálculo, el mago le pidió que levantara las cartas. Delante de Ernesto apareció el mismo número de su operación: 571428.

Volvieron a repetir varias veces el truco y en todos los casos el mago colocó las cartas en el orden correcto mucho antes de que Ernesto terminara la operación.

–Este truco se basa en una característica que tiene el curioso número 142857 –empezó con su acostumbrada aclaración Minler–. Ese número tiene la particularidad de ser cíclico, es decir, siempre mantiene el mismo orden de sus cifras si se multiplica de 2 a 6; igual que si detrás del 7 volviese a estar el 1 y luego el 4, y así sucesivamente. En concreto, fíjate en los resultados de las operaciones.

142857 x 2 = 285714

142857 x 3 = 428571

142857 x 4 = 571428

142857 x 5 = 714285

142857 x 6 = 857142

Al principio yo siempre coloco las cartas boca abajo en orden. Puedo barajar varias veces, pero siempre acordándome de que debo pasar tantas cartas como un múltiplo de 6, para que las cartas estén de arriba abajo en el orden correcto antes de empezar: es decir, el 1, el 4, el 2, el 8, el 5 y por último el 7. Cuando veo el número que ha salido en el dado, sólo tengo que pasar las cartas correspondientes, para que el último que quede sea la cifra correspondiente a las unidades del producto de 7 por aquel número. Por ejemplo, si sale un 2 al multiplicar 2 x 7 = 14, necesito que al final esté el 4 manteniéndose el orden de las cartas. También puedo acordarme de una regla que sirve en este caso. Si el número es 2, 4 o 5 tengo que pasar ese mismo número de cartas de arriba abajo. Sólo falla en los múltiplos de 3, entonces tengo que acordarme de que si sale un 3, sólo tengo que pasar una carta, mientras que si sale un 6 tengo que pasar tres. Sería como pasar la mitad de lo que sale (teniendo en cuenta que la mitad de 3 es uno y medio; pero como no puedo pasar media carta, sólo paso una).

Tal como le explicó el mago, la importancia del truco se basaba en el número; por ello se podía hacer con cartas o con cualquier otro material, siempre y cuando se pudiesen encontrar las cantidades para formar el número. También le explicó que existen muchos números que poseen características curiosas, que permiten hacer trucos muy llamativos. Y para demostrárselo le planteó otro ejemplo:

–Escribe en la calculadora el número 12345679 y después pulsa la tecla del producto. Ahora dime la cifra del 1 al 9 que más te guste. Y yo voy a añadir un factor al producto que tú has comenzado para obtener esa cifra.

Ernesto le dijo el 5, entonces el mago tapó con un dedo el visor de la calculadora mientras que con la otra mano, y a un ritmo vertiginoso, pulsaba una serie de teclas acabando con el signo igual. Al quitar el dedo, el número 555555555 apareció en la pantalla.

Para repetir el truco, entregó a Ernesto un dado que parecía un diamante de 10 caras, cada una con una cifra del 0 al 9.

–Lanza ahora el dado, y si sale el 0, vuelve a lanzarlo hasta conseguir una cifra entre 1 y 9. Vuelve a escribir en la calculadora el número 12345679 y dale a la tecla *por*.

En el dado salió el número 8, por lo que el mago escribió rápidamente un número y le dio al igual, con lo que apareció el número 888888888.

–Este truco se basa en una característica de este número. Si yo lo multiplico por 9 me da 12345679 x 9 = 111111111. Por lo que para obtener la cifra que me digas, sólo tengo que añadir el resultado de multiplicar 9 por esa cifra. Así, si quiero obtener todos 5, me basta multiplicar por 45 y obtengo 12345679 x 45 = 555555555.

–¡Es asombroso! –exclamó Ernesto.

–Sí –afirmó Minler–, pero no creas que esta curiosidad funciona sólo con este número. Hay otro más simple, aunque no tan vistoso, que tiene la misma propiedad. El número 15873 también sirve para conseguir cualquier cifra repetida. En este caso el coeficiente mágico es el 7; es decir, si multiplicamos ese número por 7, obtenemos 15873 x 7 = 111111. Por lo tanto, para obtener cualquier cifra, sólo hay que operar por el producto de 7 por la cifra deseada, y ya está. Por ejemplo, si queremos el 8, hacemos el producto de 7 x 8 = 56 y al realizar la multiplicación 15873 x 56 = 888888.

Ese día continuaron haciendo magia con muchos números más. Ernesto descubrió lo asombroso de los cálculos con determinadas cantidades.

Unas imágenes asombrosas

12

El mago quiso que su discípulo tuviese clara desde el principio la importancia de preparar muy bien el material que se utilizaba en una función. Muchas veces, en lugar de aprender nuevos trucos, se les iba el tiempo en preparar todo aquello que iba a utilizar Minler en su actuación: las palomas y un perrito que sacaba del sombrero en un determinado momento, los pañuelos, las cartas, las monedas...

Ernesto tenía permiso para manejar todo lo que había en el carromato. A veces husmeaba en busca de cosas interesantes que no hubiera visto antes.

Entre un montón de papeles encontró un círculo especial, que estaba pegado en una delgada lámina de madera.

–Este puzzle –dijo Minler– fue creado por un famoso inventor de acertijos y juegos, el americano Sam Loyd. Este personaje, que vivió a caballo entre el siglo XIX y el XX, alcanzó una gran fama, pues inventó algunos de los más geniales juegos y pruebas de ingenio de toda la historia. Muchas de sus creaciones se han utilizado en publicidad como reclamo para presentar algunos productos.

Ernesto observó con detenimiento el círculo.

–Es muy curioso –dijo.

–Fíjate en la figura y cuenta los chinos que aparecen –dijo Minler–. Puedes observar que salen 13 figuras. Si ahora giras la rueda central hacia la izquierda sólo un poco, hasta el punto de que la flecha señale el punto N. O., y vuelves a contar los chinos, verás cómo de forma asombrosa sólo hay 12 figuras.

–¡Es verdad! ¿Cómo es posible?

–El juego se basa en una pirueta visual muy difícil de ver. Cuando hay sólo 12 y se gira la rueda, cada uno de ellos pierde un trocito de su cuerpo; por eso, cuando hay 13 guerreros, no están perfectamente dibujados, como puedes apreciar. Entonces lo que ocurre es que aparece un nuevo guerrero que, además, como puede verse en el dibujo en la parte baja de la izquierda, comparte un trozo de pierna con otra figura.

Ernesto giraba el círculo, pero, por más que se fijaba, no conseguía descubrir cómo aparecía un guerrero número 13 en una figura donde sólo había 12.

–Este puzzle tuvo muchísima fama –continuó el mago–; se vendieron millones de copias e incluso se utilizó como publicidad en una campaña presidencial de Estados Unidos. Aparecieron muchísimas versiones, todas basadas en el mismo principio. Hay muchos productos que se basan en la idea de que cuando se tienen muchas figuras y se cortan por una determinada línea, si al mover la figura se reducen las figuras un poco, puede aparecer una nueva figura. Por aquí tengo otra que también es muy antigua y que se basa en lo mismo, pero de una forma lineal, en lugar de circular.

El mago rebuscó en sus papeles y al final encontró lo que buscaba. Mostró a Ernesto el dibujo siguiente:

–Cuenta los enanos que aparecen y verás que en total hay 14 figuras. Si cortamos por la línea horizontal y la parte de arriba se divide en otras 2 partes, dejando 9 enanos a un lado y 5 al otro, y los dos trozos superiores se intercambian entre sí, obtenemos la nueva figura. En ella puedes comprobar que aparecen 15 enanos en total.

–De este puzzle también existen multitud de versiones –siguió diciendo el mago– y todas se comportan de la misma manera. Se cortan por la línea central y luego la parte superior se divide en 2 trozos, que al intercambiarse entre sí, hacen que aparezca o desaparezca una figura.

Ernesto estaba alucinado. Por más que el mago le explicaba que al desaparecer una figura, lo que se hacía era dividirla en trozos casi imperceptibles que se añadían a las demás, no dejaba de asombrarse de cómo aparecían las figuras.

–De todos modos, no es necesario utilizar estos puzzles tan antiguos para conseguir el mismo efecto. Hay ejemplos más fáciles que se pueden hacer con papel y tijeras, y que permiten asombrar al público, pues es casi imposible descubrir dónde va lo que desaparece, o de donde provienen los elementos nuevos. Creo que podríamos ver un par de ellos para que los practicaras con quien tú quisieras.

Minler cogió una hoja cuadriculada y recortó un cuadrado de lado 8 unidades, y después dividió en cuatro pedazos el cuadrado, tal como se ve en la figura 1.

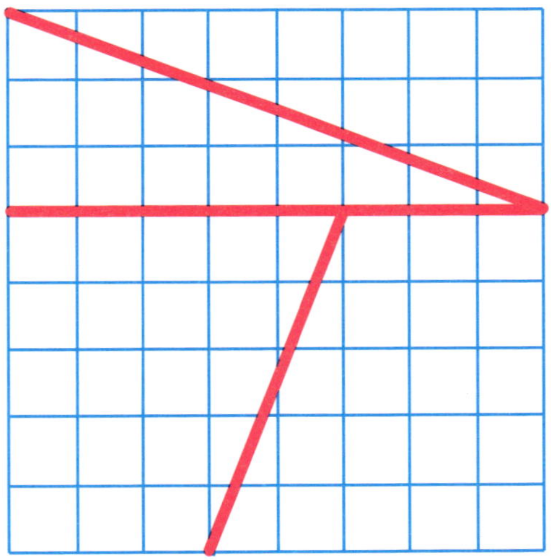

Figura 1

–Mira cómo he recortado un cuadrado de lado 8 y lo he dividido en dos rectángulos, uno de 3 x 8 y el otro de 5 x 8. He dividido esos dos rectángulos en dos partes iguales, como puedes ver. Ahora voy a recolocar las piezas formando un rectángulo de medidas 5 x 13, como puedes observar –siguió diciendo el mago mientras modificaba las piezas para obtener la figura 2.

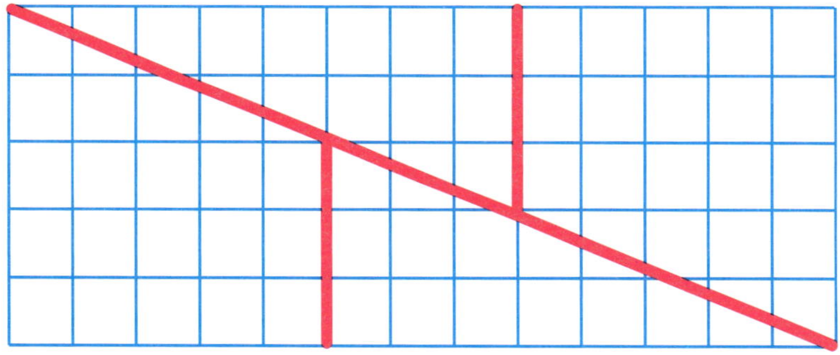

Figura 2

–Y ahora viene la sorpresa. El cuadrado primero era de dimensiones 8 x 8; es decir, tenía 64 cuadraditos de superficie. Pero el rectángulo es de dimensiones 5 x 13, luego tiene 65 cuadraditos de superficie. Es decir, tiene un cuadradito más que la pieza original.

Ernesto, a quien siempre le gustaba probar por sí mismo todos los juegos, tomó el puzzle y lo montó de las dos formas, hasta que comprobó que era cierto lo que decía el mago.

–Aquí el truco está en que la diagonal del rectángulo no ajusta bien –dijo Minler–, y aunque no se puede apreciar, forma como si fuese un romboide. Ese hueco no perceptible hace aparecer el cuadrado nuevo. Este truco se suele adjudicar también a Sam Loyd, aunque no está muy claro si era suyo o no. Lo que sí es cierto es que su hijo, que se llamaba igual, descubrió que con las mismas piezas se podía formar otra superficie, que sólo tenía 63 cuadraditos de superficie. En concreto, se podían ordenar de esta manera –y Minler formó la figura 3.

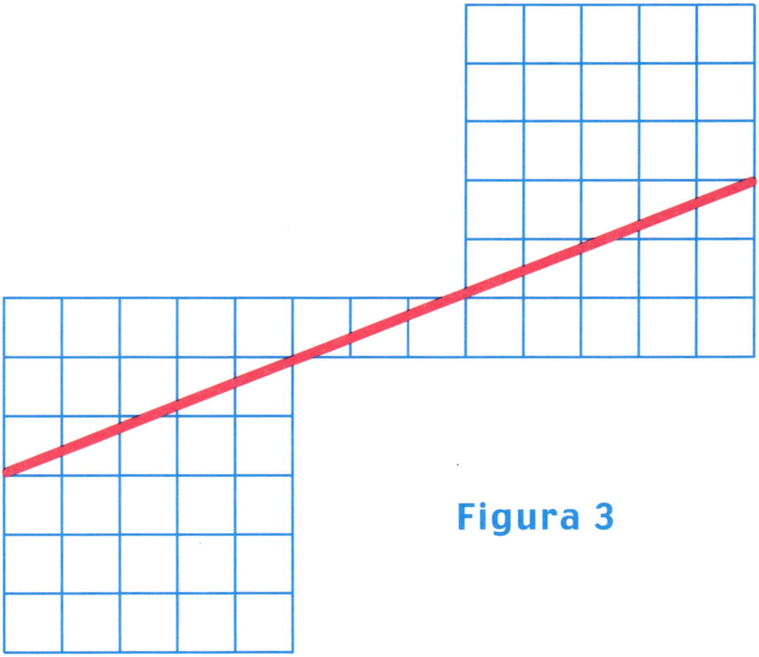

Figura 3

–¿Cómo ha sucedido? –preguntó Ernesto.

–En este caso lo que ocurre es que la diagonal tampoco ajusta bien. Entonces se superpone un poco y desaparece el cuadradito número 64. También existen muchas versiones de este tipo de puzzles, todos basados en la misma idea: coger una superficie, dividirla en partes y reordenarlas para conseguir que aumente o disminuya su superficie. Te voy a presentar un último caso que se adjudica al mago norteamericano Paul Curry, que la inventó hacia los años cincuenta del siglo pasado. Este mago trabajó con figuras poligonales (sobre todo rectángulos y cuadrados), de modo que al cortarlas en piezas y volver a reconstruirlas, de pronto aparecía un hueco dentro de la figura, es decir, que se había perdido también un cuadradito. Aquí te muestro uno de los ejemplos que realizó –dijo Minler, organizando el puzzle que se ve en las figuras 4 y 5.

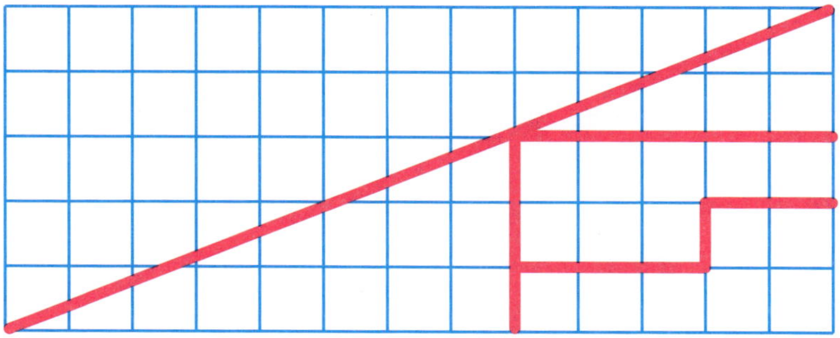

Figura 4

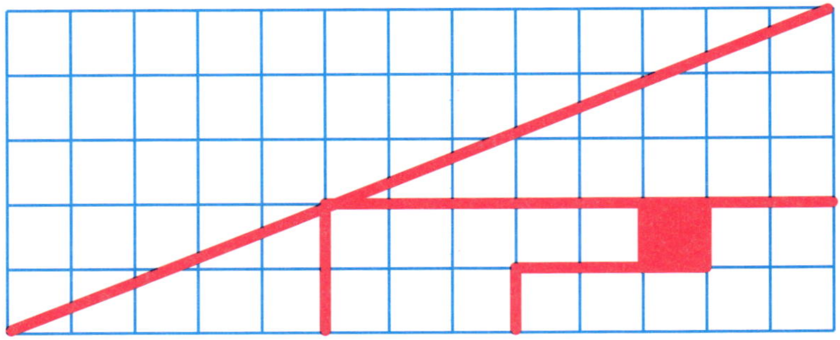

Figura 5

–¿Y sería posible hacer desaparecer más de un cuadradito? –preguntó Ernesto.

–Este mago lo consiguió –afirmó Minler–, realizó muchas variantes. La justificación del truco es la misma que en el caso anterior, las piezas sobre la diagonal se solapan casi imperceptiblemente, y ahí es donde va a parar el cuadradito que desaparece.

El mago le enseñó muchos más ejemplos de estos trucos, pero como nuestras páginas son limitadas, no podemos extendernos más sobre ellos.

¡Vaya lío de cuerdas! 13

Entre la gran cantidad de juegos que Ernesto estaba aprendiendo, había uno en especial que deseaba aprender con todas sus fuerzas. Era el que realizó el mago con la varita y la cuerda, cuando le colocó la varita a otro espectador y sacó a Ernesto a la pista para que intentara resolverlo. Gracias a ese truco había tomado contacto con el mago y había surgido entre ambos la amistad.

Hasta el momento, y a pesar de que le había pedido en varias ocasiones que se lo enseñara, el mago siempre se había negado diciendo que aún no era el momento, que eso requería una formación mágica previa.

Aunque de vez en cuando sí le contaba algún truco *topológico*, como los llamaba el mago; es decir, trucos en los que intervenía una cuerda y una lazada que parecía imposible de desatar, y cuya solución era sin embargo asombrosa.

Ernesto recordaba que los primeros juegos que vio de ese tipo eran algunos recuerdos de los viajes de Minler, que éste le había mostrado los primeros días, por ejemplo una serie de juegos muy rústicos que, según el mago, provenían de África, formados por trozos de madera, cuerdas y bolas de colores.

El mago le decía que esos juegos no eran adecuados para una función pública, pues se trataban más bien de rompecabezas para que una persona se entretuviera sola, pero había alguna excepción, algunos trucos con cuerdas que se podían hacer ante espectadores.

Recordaba que la primera vez que le había planteado un reto similar, el mago le dijo:

–Aquí tienes un trozo de cuerda de aproximadamente cincuenta centímetros de longitud. Si coges un extremo con una mano y con la otra mano el extremo opuesto, ¿serías capaz de hacer un nudo en la cuerda sin soltarla en ningún momento?

Por más que lo intentó, Ernesto no fue capaz. Es verdad que a veces conseguía anudar las cuerdas, pero entonces el mago le cogía las dos manos (que seguían agarrando la cuerda) y al tirar de ellas, el nudo se deshacía.

–Para resolver el desafío es necesario un pequeño truco –dijo Minler–. Hay que cruzar los brazos antes de coger la cuerda. Luego se coge la cuerda por fuera de ellos, un extremo en cada mano, y al deshacer el cruce de los brazos, la cuerda se anuda ella sola.

Ernesto no podía creerse que de esa forma se pudiera anudar la cuerda, hasta que vio que el mago lo hacía sin ningún esfuerzo.

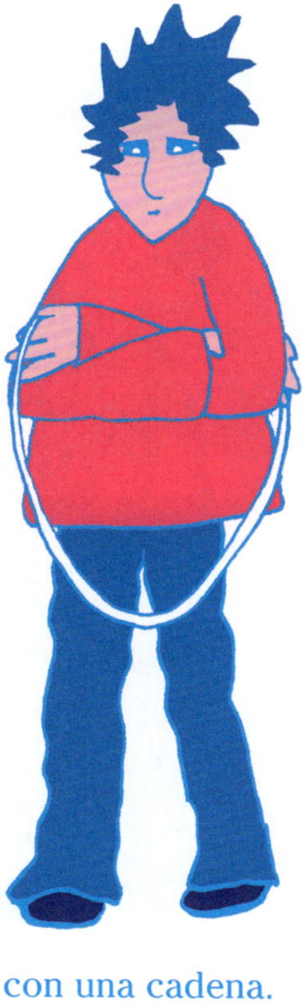

Cuando hubo observado el desarrollo, Ernesto lo repitió sin dificultad.

Le enseñó también un número que se realizaba con dos espectadores. Era el tipo de truco que bloquea la mente de los sufridores, incapaces de ver por dónde puede venir la solución.

El mago sacó una cuerda que tenía dos pequeños lazos en cada extremo, por los que se podían pasar las manos sin dificultad. Se sacaba a dos espectadores y a cada uno de ellos se le unían las manos mediante la cuerda, como si tuviese unos grilletes con una cadena. Pero para complicar la situación, la cuerda de uno de los espectadores se cruzaba con la del otro, de modo que ambos quedaban enlazados. Se producía así un fenómeno como el de la figura.

A simple vista parecen dos anillos enlazados el uno con el otro. El objetivo de la prueba es que los espectadores se separen sin sacar las manos de los lazos de la cuerda.

Para enseñárselo, Minler se ató a Ernesto, y aunque él no se movía, pues conocía el modo de separarse, dejó que Ernesto lo intentara con todas las posturas que se le ocurrieron. Cumplía las órdenes que le daba Ernesto, y se colocaba en un lugar u otro, pero no podía sofocar la risa que le producía ver a su alumno

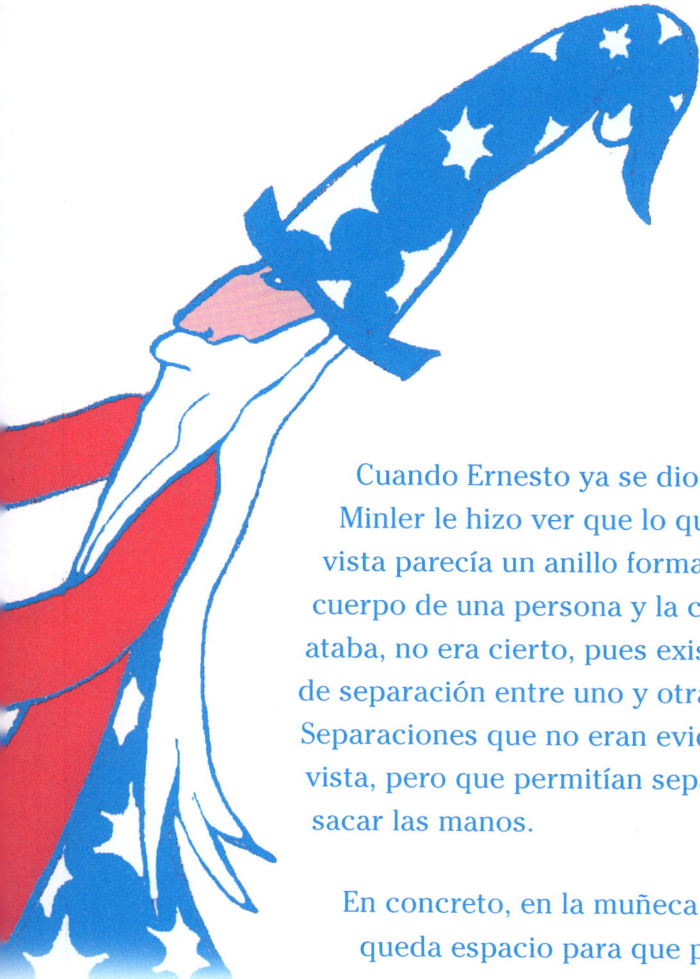

Cuando Ernesto ya se dio por vencido, Minler le hizo ver que lo que a simple vista parecía un anillo formado por el cuerpo de una persona y la cuerda que lo ataba, no era cierto, pues existían lugares de separación entre uno y otra. Separaciones que no eran evidentes para la vista, pero que permitían separarse sin sacar las manos.

En concreto, en la muñeca de la persona queda espacio para que pase la cuerda

del contrario. Por ello, para resolver este enigma lo único que hay que hacer es pasar la cuerda de un espectador por el hueco que queda entre la cuerda y la mano del otro espectador, y de esa forma rodear la mano de la otra persona, con lo que la cuerda sale sola.

El mago se lo mostró, tal como aparece en la figura.

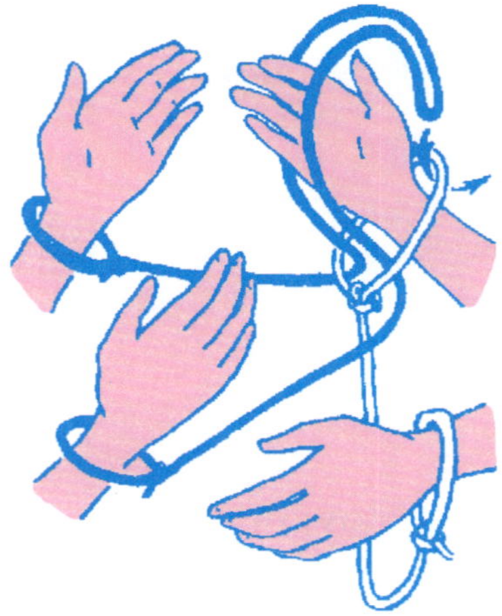

Pero el truco que le causó más impresión a Ernesto fue el de la varita con la cuerda colocada en el ojal.

Uno de los últimos días de las vacaciones, Minler se apiadó por fin de Ernesto y aceptó explicarle el juego. Según le dijo el mago, consideraba que había aprendido mucho y de forma muy diligente. Por tanto, sería condecorado oficialmente como aprendiz aventajado.

En primer lugar, Minler le dio el artilugio para que viera cómo estaba formado. Consistía en una varita de madera con un agujero cerca de un extremo, por el que pasaba una cuerda que formaba un lazo. Esa cuerda era lo suficientemente corta como para que no pudiera pasar de un extremo a otro de la varita.

Una vez que Ernesto la hubo visto y manipulado a gusto, el mago le pidió que mirara hacia otro sitio y se la enganchó en el ojal, tal como vemos en la figura. Después le pidió que intentara separarla de la camisa sin romper ningún elemento.

Por más que Ernesto intentó extraer la varita del ojal, no lo consiguió. Pero lo peor vino cuando llegó la hora de marcharse a casa y el mago le dijo que no tenía intención de quitarle el *distintivo*. Le propuso que se lo llevara a casa y se lo intentara quitar. Si no podía, al día siguiente tendría que volver con la misma camisa.

El jaleo que se armó en su casa cuando apareció con la varita colgando fue menudo. Todos se rieron de él, en especial su hermana. Le decían que era tonto por no saber quitarse algo tan simple. Claro que las risas y los comentarios se acabaron cuando intentaron quitarle el artilugio.

Por más que se esforzaron, lo más cerca que estuvieron de la solución fue cuando colocaron la varita dentro del ojal y forzaron la cuerda al máximo, tal como muestra la figura.

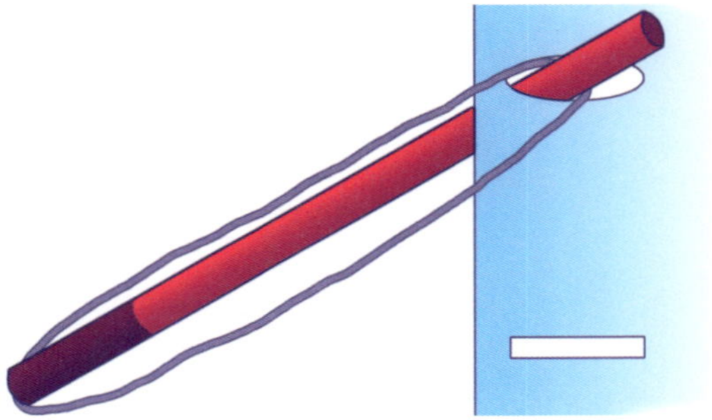

Pero como el lazo de la cuerda era más corto que la varita, no había forma de conseguir sacar el lazo.

Llegó un momento en que, desesperado, Ernesto se quitó la camisa y, sentado en su cama, intentó resolverlo, y lo intentó y lo intentó y lo intentó... Si alguien lo hubiese visto por un agujerito, habría creído que estaba tejiendo.

Así que el día siguiente Ernesto regresó con la varita colgando. Minler se mostró muy divertido al verle con la misma camisa.

El mago le dijo que al intentar resolver el problema no había tenido en cuenta todos los datos; por ejemplo, no había utilizado la camisa, que era un ingrediente fundamental en la resolución de la prueba.

Le hizo ver que el resultado también se basaba en las matemáticas, en concreto en una de las propiedades de los triángulos, según la cual la suma de dos lados de un triángulo siempre es mayor que el tercer lado. Para sacar el artilugio era necesario construir un triángulo con la camisa; así, al añadirle un tercer lado que se sumaba a la longitud de la cuerda, el resultado sería mayor que el lado formado por la varita de madera.

Le mostró que lo único que había que hacer era retirar la cuerda hacia dentro de la ropa, como muestra la figura siguiente, y entonces la varita ya tenía sitio para salir.

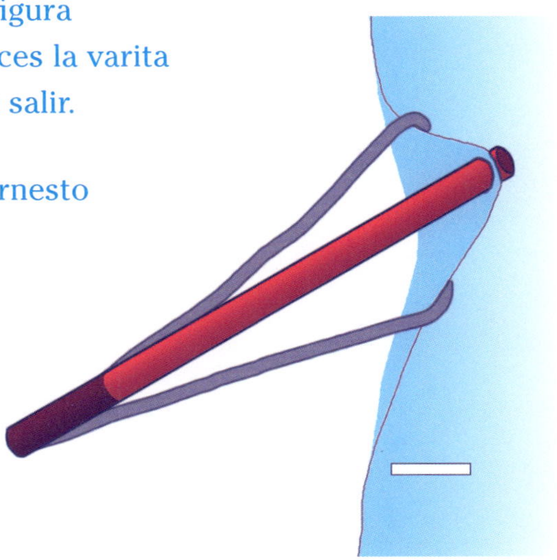

Después de que Ernesto practicara varias veces el truco, el mago, con gran majestad, declaró que podía considerarse un gran mago en potencia, y que estaba muy satisfecho de sus progresos.

Ya les restaban muy pocos días de estar juntos, pues pronto se acabarían las vacaciones y la marcha del circo se acercaba, así que el mago le condecoró con la varita y se la regaló para que tuviese un recuerdo tangible de su amistad. Ernesto, que pensaba que jamás podría olvidar al mago, con o sin varita, la aceptó con mucho orgullo.

De nuevo en casa, volvió locos a todos poniéndoles y quitándoles la varita. Ernesto pensaba que nunca podría sentirse mejor que en aquellos momentos, que no había nada en el mundo que pudiera superar las sensaciones de aquellos días.

Pero lo más asombroso estaba aún por llegar.

Un descubrimiento increíble

14

El mago procuraba que no se necesitaran muchos materiales ni preparación complicada en los trucos que enseñaba a su alumno. Sin embargo, de vez en cuando le mostraba trucos con materiales que se comercializaban a unos precios muy elevados, aunque se podían reproducir fácilmente con un poco de esfuerzo por quien quisiera utilizarlos en sus actuaciones.

Por ejemplo, le había enseñado el truco de la varita mágica, y aunque se la había regalado, le explicó que era muy fácil construirse una. Bastaba coger un palo no muy ancho, como el de un helado, o un palillo de comida china, o incluso un sencillo bolígrafo que cupiese por el ojal de una camisa, y hacerle un agujero cerca del extremo. Por este agujero había que pasar una cuerda a la que se le hacía un nudo, de forma que la cuerda anudada no llegara al otro extremo del palo.

En una ocasión, en los últimos días en que el circo estaba en la ciudad, Minler y su discípulo se encontraban tranquilamente sentados en el camerino, cuando el mago sacó de un cajón un bloque de tarjetas, se las mostró a Ernesto y le propuso lo siguiente:

–Aquí tengo un conjunto de 6 tarjetas, que como puedes ver están llenas de números, todos ellos menores de 64. Los números a veces se repiten en más de una tarjeta, pero nunca en la misma. Estas tarjetas me servirán para adivinar un número que vas a pensar a continuación, menor de 64.

Cuando Ernesto hubo pensado ese número, el mago le entregó las seis tarjetas siguientes:

Tarjeta 1							
1	3	5	7	9	11	13	15
17	19	21	23	25	27	29	31
33	35	37	39	41	43	45	47
49	51	53	55	57	59	61	63

Tarjeta 2							
2	3	6	7	10	11	14	15
18	19	22	23	26	27	30	31
33	35	38	39	42	43	46	47
50	51	54	55	58	59	62	63

Tarjeta 3							
4	5	6	7	12	13	14	15
20	21	22	23	28	29	30	31
36	37	38	39	44	45	46	47
52	53	54	55	60	61	62	63

Tarjeta 4							
8	9	10	11	12	13	14	15
24	25	26	27	28	29	30	31
40	41	42	43	44	45	46	47
56	57	58	59	60	61	62	63

Tarjeta 5							
16	17	18	19	20	21	22	23
24	25	26	27	28	29	30	31
48	49	50	51	52	53	54	55
56	57	58	59	60	61	62	63

Tarjeta 6							
32	33	34	35	36	37	38	39
40	41	42	43	44	45	46	47
48	49	50	51	52	53	54	55
56	57	58	59	60	61	62	63

–Tienes que mirar con detenimiento cada una de las tarjetas –dijo Minler–. Luego dame aquella en la que aparezca el número que has pensado. Las tarjetas donde no aparezca el número, te las quedas tú.

Así lo hizo Ernesto, y entregó al mago las tarjetas 1, 4 y 5. Inmediatamente, el mago le contestó que el número que había pensado era el 25.

Como de costumbre, antes de explicarle cómo lo había averiguado tan rápidamente, repitieron varias veces las pruebas. Cuando Ernesto le entregó las tarjetas 3, 5 y 6, el mago respondió de inmediato que había pensado en el número 52.

–Este truco se ha utilizado muchas veces en reclamos publicitarios de productos muy diversos –explicó Minler–. Por eso no es raro que alguna vez te llegue a las manos un ejemplar con la marca de algún producto. El método para averiguar el número que ha pensado el espectador es muy sencillo, sólo tienes que fijarte en el primer número que aparece en cada tarjeta y sumarlos. Veamos los ejemplos anteriores. Si sumamos los números que aparecen en la esquina superior izquierda de las tarjetas 1, 4 y 5 tenemos 1 + 8 + 16 = 25. De la misma forma, con las tarjetas 3, 5 y 6 sólo tenemos que sumar 4 + 16 + 32 = 52.

Ernesto practicó con varios números y luego preguntó cómo se construían las tarjetas, es decir, cómo se decidía qué número iba en cada una de ellas.

–Tú puedes hacer cuantas tarjetas quieras. Según el número mayor que quieras adivinar, necesitarás más o menos tarjetas –explicó Minler–. Para *n* tarjetas, el número mayor que puedes adivinar es $2^n - 1$. Es decir, si tienes 4 tarjetas, puedes adivinar hasta el número $2^4 - 1 = 15$, si son 5 tarjetas hasta $2^5 - 1 = 31$, y para 6 tarjetas, como te he mostrado, llegas hasta $2^6 - 1 = 63$. Si quieres llegar o pasar de 100, entonces necesitarías 7 tarjetas, porque puedes llegar hasta el número $2^7 - 1 = 127$. La distribución de los números en las tarjetas se basa en las propiedades de los sistemas de numeración.

–¿Qué es eso? –preguntó Ernesto arqueando las cejas.

–¡Vaya! ¿ no te han hablado de los sistemas de numeración? –Minler parecía extrañado–. Voy a intentar explicártelo de una forma muy simple. Los sistemas de numeración son la base numérica en la cual operamos, contamos y ordenamos. Nosotros poseemos una base numérica que es *posicional*. Eso quiere decir que el valor de los números depende de la posición que ocupen. Así, en el número 222 aparece tres veces la cifra 2, pero representan valores distintos: el primero representa 2 centenas, el segundo 2 decenas y el último 2 unidades. Eso no ocurre en otros sistemas de numeración, por ejemplo en el sistema de numeración romana, que ya conoces, donde la X vale siempre 10, esté donde esté colocada.

–No se me había ocurrido pensarlo –Ernesto se encogió de hombros.

–Nosotros poseemos un sistema de numeración en base 10 –continuó Minler–. Cada vez que juntamos 10 unidades, conseguimos una unidad superior que es la decena, cada 10 decenas conseguimos una centena, cada 10 centenas una unidad de millar y así sucesivamente. Este sistema de numeración, que actualmente se utiliza en casi todos los países, no ha sido el único que ha funcionado a lo largo de la historia. Ha habido pueblos que han utilizado otras bases numéricas, de las que nos han quedado recuerdos en algunos cálculos. Por ejemplo, sabes que los huevos suelen contarse por docenas, incluso hay una palabra, la *gruesa*, que significa 12 docenas. Eso es un recuerdo de un sistema de numeración de base 12. Otros pueblos utilizaron un sistema de base 60, y así tenemos la herencia de dividir la hora en 60 minutos y el minuto en 60 segundos; cuando nos referimos a grados sexagesimales, también los dividimos en 60 minutos y éstos a su vez en 60 segundos.

–Pero nuestro sistema se utiliza más. Debe de ser porque es el más cómodo, ¿no? –preguntó Ernesto.

–No necesariamente –dijo Minler–. En realidad, el sistema de numeración más utilizado en nuestros días es el sistema binario. En él se basan los ordenadores para realizar todas sus tareas.

–No entiendo –dijo Ernesto.

–Es muy sencillo, no te preocupes. Decir un sistema binario es lo mismo que decir de base dos, es decir, que sólo hay dos posibilidades, el 0 y el 1. Así que cualquier cosa en ese sistema es una serie de ceros y unos. Cuando ves un dibujo realizado por un ordenador, o escuchas un disco de música grabado en sistema digital, tienes que tener en cuenta que esa información se ha reducido a un conjunto de números. Para no calentarte más la cabeza, te diré cómo están formadas las tarjetas, y si quieres, puedes profundizar en los sistemas de numeración, tanto actuales como los utilizados a lo largo de la historia, donde encontrarás sorpresas apasionantes. Para saber, por ejemplo, dónde colocar el número 46, debes dividir entre 2; el cociente resultante lo vuelves a dividir entre 2, y así hasta que el último cociente sea un 1. Vamos a hacerlo:

46	2				
0	23	2			
	1	11	2		
		1	5	2	
			1	2	2
				0	1

–Ahora fíjate en la serie que forman los restos de las divisiones y el último cociente –prosiguió Minler–. Al número 46 le corresponde 101110, ésa es su expresión en forma binaria. Igual que el número 123 indica 1 centena, 2 decenas y 3 unidades (es decir $1 \times 10^2 + 2 \times 10 + 3 = 1 \times 10^2 + 2 \times 10^1 + 3 \times 10^0$), o sea, los números por potencias de 10 (que es nuestra base), el número 101110 significa $1 \times 2^5 + 0 \times 2^4 + 1 \times 2^3 + 1 \times 2^2 + 1 \times 2^1 + 0 \times 2^0$. Y si hallas esas potencias y realizas las operaciones, verás que te da 46.

Ernesto no puedo evitar rascarse la cabeza. Lo vio Minler, que dijo:

–De todos modos no te asustes, porque esto no lo necesitas para hacer las tarjetas. Sólo tienes que fijarte en la expresión binaria del número, en nuestro caso la 101110. Cada cifra corresponde a una tarjeta, la primera cifra de la derecha a la primera tarjeta, y así sucesivamente. Si la cifra es un 1, en esa tarjeta hay que colocar el número que tenemos, el 46, y si la cifra es un 0, no se coloca el número. Según lo que nos ha salido, el número 46 tendría que ir en las tarjetas 2, 3, 4 y 6. Comprueba con las tarjetas que realmente ese número va en ellas, y sólo en ellas.

Después de verificar lo que había dicho el mago, Ernesto pasó a sistema binario otros números y comprobó que los 1 de esa expresión binaria indicaban las tarjetas en las que se incluían esos números. Se tomó como un reto personal construir una serie de 7 tarjetas para incluir más de cien números en el truco, y así adivinar por ejemplo la edad de cualquier vecino de su barrio.

Ernesto se sentía satisfecho de la gran variedad de trucos que había aprendido y de las explicaciones de las claves de cada truco.

–Me he dado cuenta –le dijo a Minler– de que tienes un gran dominio de los números. La mayoría de tus trucos se basan en propiedades matemáticas. Y me has explicado muy bien cómo aplicar las cosas que conocía al estudio de esos trucos.

–La verdad es que siempre me han gustado los trucos que tienen una justificación detrás, y que se pueden realizar siempre y en cualquier situación. Existen muchos juegos que consisten en engañar al público, ocultando cartas u otros elementos, o dándole el cambiazo al meterse esos elementos dentro de la túnica, o bien mirando rápidamente algún elemento que maneje un espectador. Incluso hay trucos que consisten en estar de acuerdo con el voluntario del público. Pero a mí me gustan más los que funcionan siempre por una verdad matemática. Quizás por eso, en otras épocas me han llamado el Mago de los Números.

–¿En qué otras épocas ocurrió eso? –preguntó inocentemente Ernesto.

El mago guardó silencio y miró a Ernesto con una expresión enigmática. Daba la impresión de que en su mente se libraba una batalla, de que el mago quería decirle algo pero no se decidía a hablar.

–La verdad, querido Ernesto –dijo Minler al fin–, es que soy mayor de lo que puedas imaginar y que he vivido en lugares y tiempos que no imaginas… Hacía mucho tiempo que no daba con alguien como tú –prosiguió–. Te tengo un gran afecto y creo que quizás ha llegado el momento de que te cuente un secreto que nunca revelo. ¿Prometes que lo que voy a contarte quedará como un secreto entre nosotros dos? –No esperó la respuesta de Ernesto, y añadió–: Sé que puedo confiar en ti.

Ernesto prometió que jamás revelaría lo que le dijera el mago. Además, como éste le indicó, ¡nadie le creería aunque lo hiciera!

–Mi edad sobrepasa ampliamente los cien años; muy ampliamente, diría yo –confesó Minler–. He vivido durante muchos siglos y he sido conocido bajo muchos nombres distintos, según la época y el lugar en que me hallaba. Sin embargo, siempre he utilizado las mismas letras para mi nombre. El nombre con el que he sido conocido siempre se ha compuesto de las 6 letras de Minler, pero en otro orden, ¿sabes qué es una permutación?

–¿Permutaqué? –preguntó Ernesto encogiéndose de hombros.

–Una permutación es simplemente una forma distinta de ordenar una serie de elementos. Si cogemos las 6 letras de mi nombre y las colocamos en otro orden, hemos realizado una permutación.

–Pero eso no dará para muchos nombres distintos... –aventuró Ernesto.

–¿Cómo que no? Date cuenta de que tengo 6 lugares para colocar 6 letras. ¿Cuántas letras pueden ocupar el primer lugar de mi nombre?

–Pues... 6 –dijo Ernesto.

–Una vez fijada la primera, me quedan 5 posibilidades para colocar la segunda. Como para la primera había 6 formas, para las 2 primeras letras hay 6 x 5 = 30 posibilidades distintas. Si tengo fijadas 2 letras, ¿cuántas letras me restan para ocupar el tercer lugar?

–4.

–Eso es. Así que las 4 primeras letras puedo colocarlas de 6 x 5 x 4 = 120 formas distintas. Si continuo así, las 4 primeras letras serán de 6 x 5 x 4 x 3 = 360 formas; las 5 primeras de 6 x 5 x 4 x 3 x 2 = 720; y como ya sólo me quedaría 1 letra, puesto que las otras 5 ya las he puesto, únicamente me queda 1 forma nueva por cada 1 de las anteriores. Por tanto –concluyó el mago– puedo ordenar las letras de mi nombre de 6 x 5 x 4 x 3 x 2 x 1 = 720 formas distintas. Ese producto en escalera tiene hasta un nombre y una forma especial de escribirse. Se llama factorial, y se representa mediante el signo de cerrar admiración, es decir, con 6!. Así, si alguna vez te encuentras con el factorial de 8, eso representa:
8! = 8 x 7 x 6 x 5 x 4 x 3 x 2 x 1.

–¿Y qué nombres has tenido?

–Muchos, y distintos en cada época. Por ejemplo Lenrim, Relnim (que es mi nombre actual al revés), Nirmel… En algunos países nórdicos he recibido nombres que te resultarán difíciles de pronunciar, como Mierln o Rlemni. Si quieres, prueba a encontrar otros nombres con los que he sido conocido –le invitó el mago, pasándole un papel y un bolígrafo.

–A mí me salen algunos como Lermin, Linrem, Menril, Rinmel... ¿Rinmel? –preguntó Ernesto.

–Bueno –aceptó el mago–, eso fue en una época en que me dedicaba también a la alquimia, y especialmente a investigar productos de belleza.

–Me salen muchos nombres, y algunos que se parecen o que son el mismo cambiando el orden –dijo Ernesto–, por ejemplo Irnmel o Lemnri, y muchos más: Rilmen, Nilrem...

De pronto, Ernesto se quedó callado. Volvió a fijarse con atención en los nombres que había escrito. Con voz entrecortada, preguntó:

–¿Merlín?

Minler no respondió, pero sus ojos esbozaron una sonrisa de inteligencia mientras se atusaba su barba antigua y blanca.

MERLÍN

La despedida

15

Ernesto no se había recuperado aún de la impresión al descubrir la verdadera identidad de su amigo, cuando un nuevo golpe lo hizo tambalearse.

–Pienso que has aprendido muy bien todo lo que te he enseñado... ¿qué te parecería salir a actuar el próximo día como mi ayudante? –le propuso Minler.

Casi se desmayó de la impresión. No creía posible tanta felicidad. ¡Iba a participar en la función de Minler!

Desde que empezó a aprender magia, su ilusión fue actuar ante el público, y no sólo ante su familia o los compañeros de colegio, pero jamás se le había pasado por la cabeza que lo haría como un profesional y delante de tanta gente...

Aceptó sin pestañear, y el mago le pidió que en los días que faltaban practicara los trucos una y otra vez para ganar soltura.

Durante dos días, Ernesto casi ni comió ni durmió. Estaba muy nervioso y no paraba de repasar todos los trucos que le había enseñado Minler. Para completar su felicidad, ese año el día de Reyes se encontró con muchos regalos relacionados con la magia, desde libros y artilugios especiales (aros mágicos, cartas...) hasta elementos de atrezzo, como un gran sombrero dorado, una pajarita y una varita en la que podían esconderse pañuelos y otras cosas.

querían perderse su debut y habían prometido ir a ver la función.

Llegó temprano y Minler le dio consejos sobre cómo enfrentarse al público. Insistió mucho en que debía practicar mucho los trucos, para ejecutarlos sin dudar y sin equivocarse. Debía practicarlo solo o con alguien de confianza, y nunca jamás debía explicar a nadie los trucos, ni a su familia ni a sus amigos... a nadie. A menos, claro está, que alguna vez tuviese un discípulo.

Debía preparar a conciencia todo el material que fuese a utilizar, y esto le permitiría no dejar huecos entre un número y el siguiente. Nada mata más una actuación que permitir que el ánimo del público *se enfríe* porque el mago no encuentra lo que necesita y pasan unos segundos en blanco, sin magia.

También era importante no repetir nunca un número delante del mismo público, aunque éste lo pida. Hay que sorprender, cambiar las condiciones y, si acaso, realizar otro parecido, pero nunca el mismo. Puede suceder que algún espectador se dé cuenta del truco al ver la repetición.

Y algo fundamental para cualquier actividad humana. El público asiste a una función con la intención de divertirse y disfrutar con el espectáculo, y eso jamás se logra si a su vez el mago no disfruta con lo que hace. Es necesario crear un ambiente de complicidad entre el público y el artista.

También hay que realizar números muy variados, y seleccionarlos teniendo en cuenta las características y el ánimo de los espectadores de cada función. No es lo mismo tener un público mayoritariamente infantil que uno de la tercera edad, o grupos familiares, o incluso jóvenes de centros educativos.

Ernesto ponía un interés especial en todo lo que le decía el mago. Era el último día que podría estar con él y le hacía una enorme ilusión participar en su actuación. Nunca había pensado dedicarse a la magia profesionalmente, pero el gusanillo del espectáculo le mordía con fuerza.

Fueron al guardarropa en busca de una indumentaria para Ernesto. Aunque se había vestido de punta en blanco, con su traje de las celebraciones familiares, la verdad es que desentonaba entre tanto traje de lentejuelas y destellos dorados.

Encontraron una chaqueta y unos pantalones a juego con la ropa del mago, y luego Ernesto tuvo que someterse a un calvario: la sesión de maquillaje.

La función ya había comenzado, los artistas se sucedían en la pista, el público aplaudía, y Ernesto, oculto entre las bambalinas junto al mago, asomaba la cabeza discretamente.

Cuando por fin salió a escena, saludó y recibió sus primeros aplausos, Ernesto agradeció llevar el maquillaje. Se sentía tan fatigado, que seguro que la piel se le había puesto verde, y un tembleque le sacudía el cuerpo. Pero a medida que se desarrollaba el número, fue sintiéndose mejor, más seguro de sí mismo, y la adrenalina hizo que todos sus sentidos se volcaran en la actuación.

Minler le animó a que fuera él quien realizara algunos trucos, aunque el mago tuvo cuidado de elegir aquellos que le había visto repetir a Ernesto sin dificultad. A pesar de ello, Ernesto tuvo algún que otro desliz. El mago estaba pendiente y siempre acudió en su ayuda, de modo que el público no percibió un solo fallo en ningún truco.

Al finalizar la actuación, Minler dio un paso atrás para que su discípulo saludara solo y recibiera el aplauso del público.

Ernesto no veía las caras, sólo luces, y en sus oídos vibraban los aplausos de entusiasmo. Sintió que no podía existir nada más maravilloso en la vida.

En la cabalgata final, Minler le buscó una plaza en una de las carrozas. El mago solía eludir el desfile, pero pensó que a Ernesto le gustaría saludar al público y a su familia una vez más desde la pista, recibir un último aplauso, sentirse uno más entre todos los artistas...

–¿Volveremos a vernos? –preguntó Ernesto al mago en el camerino, mientras se quitaban el maquillaje.

Hasta entonces habían permanecido en silencio. También alrededor, en el recinto del circo, se imponía un extraño silencio. Al día siguiente comenzaría el desmontaje de las instalaciones del circo, pero como los artistas no viajaban con ellas, sino que iban en avión o tren al nuevo lugar de actuación, Minler salía al día siguiente de viaje muy temprano. Y él, Ernesto, retomaría al día siguiente las clases, la rutina después de las vacaciones…

–No lo creo –respondió el mago–. Aunque quién sabe…

Ernesto acompañó al mago hasta el hotel, como la noche que se conocieron. Minler le había enseñado cosas que no había soñado con aprender, cosas de cuya verdadera dimensión se daría cuenta más adelante. Caminaron, ambos pensativos, y cuando llegó el momento de despedirse, Minler no quiso comprometerse a mantener correspondencia. Viajaba por muchos lugares y no podía saber dónde estaría en cada momento, y además, no era dado a escribir cartas.

–Quizá algún día volvamos a vernos, o quizá no –dijo, sin darle falsas esperanzas–. ¿Quién puede asegurar lo que nos deparará el futuro?

Ernesto creció, dejó de ser un niño y se hizo mayor, pero nunca en toda su vida olvidó al mago, a quien tantas cosas debía y de quien tanto aprendió. Superó su timidez y con el tiempo fue relacionándose mejor con las demás personas.

Pero el mago le había enseñado más de lo que Ernesto pensaba. Lo descubrió cuando, aquel mismo año, en la segunda evaluación sacó en la asignatura de matemáticas un bien alto. Desde entonces, las matemáticas se le abrieron de par en par, como una poderosa ayuda para sus trucos, y para tantas y tantas cosas de la vida cotidiana.